30.05.2020

Liebe Irene,

D1664565

ich wünsche Dir viele schöne
Momente mit meinem Buch,
denn sie bestätigen, was Du
in Wahrheit bist –
eine wundervolle

Erfahrungswelt ♡

Deine Peggy

PEGGY ROCKTESCHEL

NEUE
ERFAHRUNGSWELTEN

Entscheide Dich für eine höhere Frequenz!

Verlag

Impressum:
1. Auflage Mai 2020
PR-Verlag
Peggy Rockteschel
Schädestraße 1-3 D-14165 Berlin
www.rockteschel.com
ISBN: 978-3-9820145-1-7

Dieses Buch ist wie eine Tür ohne Klinke. Und sie verbirgt unsere unbewusste Seite. Daher lohnt es nicht, diese mit scheinbarer Aufgeklärtheit zu deuten und damit vorschnell die Nacht der Seele zu unterschlagen. Nur mit der Fähigkeit, alles Gelernte und Geglaubte zu vergessen und mit fühlendem Herzen durch die Welt der Formen hindurchzusehen, können wir sie öffnen und die Wandlung zwischen Abend und Morgen erleben.

Peggy Rockteschel

Ich habe das Buch tatsächlich in einem Atemzug durchgelesen. Es war teilweise bitter, dann wieder süß, zwischendurch salzig (vielleicht die Tränen) und dann auch wieder sauer (vielleicht habe ich es manchmal zu schnell konsumiert und dann einen »Reflux« bekommen).

Es ist ein Lebensbuch ... und arbeitet in mir weiter.

Mir wird ganz warm ums Herz. Ehrlich!
Die Liebe tut einfach gut.

Ein Transformationsprozess, der in die innersten (oder vielleicht auch äußersten) Seelengebiete geht.

In tiefer, tiefer Verbundenheit,
Dr. med. Milan Johannes Meder

Inhalt

Wie liest Du dieses Buch? 7

Anlass 9

    I 13

    II 16

    III 20

    IV 27

    V 32

    VI 37

    VII 44

    VIII 48

    IX 55

    X 59

    XI 63

    XII 74

    XIII 82

    XIV 87

    XV 94

    XVI 101

    XVII 108

    XVIII 114

    XIX 122

XX 126

XXI 130

XXII 137

XXIII 142

XXIV 152

XXV 162

XXVI 167

Nachwort 173

Was macht es mit Dir? 176

Wie liest Du dieses Buch?

Liebe Leserin, lieber Leser,

Du hältst gerade dieses Buch in Deinen Händen, und durch welche Umstände auch immer es zu Dir gekommen ist, spielt keine Rolle, denn es ist da! Und ob Du es glaubst oder nicht, Du allein hast über sein Erscheinen in Deinem Leben entschieden.

Ja, Du hast es unbewusst oder bewusst in Dein Leben eingeladen!
Und wir zwei sind dadurch miteinander verbunden.

In den letzten zwei Sätzen steckt bereits das Verständnis dieses Buches. Doch es geht hier nicht um irgendein Buch. Es handelt sich um Dein Buch und es ist mein Geschenk an Dich. Was auch immer es als Botschaft für Dich bereithält, sie ist größer, als Du es Dir jetzt gerade vorstellen kannst. Denn ein Leben, in das seine Essenz eintritt, geht über den Verstand hinaus. Und glaube mir, er wird sich mit aller Macht dagegen wehren.

Wir alle haben schon viele Bücher gelesen, sie verschlungen und aus ihnen gelernt. Und einige haben wir angefangen, doch schon nach wenigen Seiten beiseitegelegt. Auch das kann Dir mit diesem Werk passieren. Aber die Frage ist hierbei nicht, ob Du das Geschriebene als gut oder schlecht beurteilst, sondern warum Du so und nicht anders darauf reagierst.
Doch nehmen wir einmal an, Du würdest es als interessant empfinden, so lade ich Dich ein, die Worte auf den folgenden Seiten als etwas Lebendiges zu betrachten und sie dementsprechend zu behandeln. Denn sie sind genauso lebendig wie Du!
Dieses Buch wurde zwar von mir zu Papier gebracht, doch leben und wirken kann es nur durch Dich. Aber damit das geschehen kann, braucht es Deine bedingungslose Hingabe. Überstürze also nicht die Lektüre, sonst überfliegst Du die Worte nur und gelangst nicht an ihren Kern. Nur durch ihre bewusste Anwendung werden sie ein Teil Deiner Erfahrungen. Und

genau das ist die Voraussetzung, um ihren Schatz zu bergen. Daher nimm Dir jetzt die Zeit und den Raum, genau darauf zu achten, was während und nach dem Lesen in Deinem Leben passiert.

Notiere alles, was Du als ungewöhnlich, merkwürdig, seltsam und überraschend empfindest, aber auch, was Dich beängstigt. Schreibe auf, wann und wo Du wütend wirst und besonders ablehnend reagierst. Womöglich meldet sich ein längst vergessenes Symptom oder ein wichtiger Mensch aus der Vergangenheit. Sei einfach nur die Forscherin oder der Forscher und halte schriftlich fest, was Du entdeckt, gefunden oder entschlüsselt hast, und der tiefere Sinn wird sich Dir unmittelbar erschließen. Besonders in Beziehungen zeigt sich die Wirkung schnell, denn die Verbindung mit dem Buch bringt die bisher verborgene Wahrheit ans Licht. Doch bleibe dran und lass Dich nicht beirren!

All die scheinbaren Zufälle sind es, worauf es jetzt ankommt. Sie sind der Schlüssel und er wird Dir die Tür zu einer Welt öffnen, die einem Wunder gleicht.

Aber durchschreiten musst Du sie selbst!

Anlass

Alles, was ich in meinem Leben je gedacht, gesagt und getan habe, geschah nach einem unbewussten Verhaltensmuster. Und die wahre Absicht dahinter war nicht die Freude am Sein, sondern der Wunsch, neuen Schmerz zu vermeiden. Freude entspringt nämlich der Wahrheit, und die habe ich gerade aus den Augen verloren. Deshalb kann ich sie auch nicht fühlen. Ein wesentlicher Teil von mir ist offensichtlich nicht an meinem Leben beteiligt. Er hat sich wahrscheinlich irgendwann in früherer Zeit zurückgezogen und entschlossen, nicht mehr da zu sein. Ich erinnere mich auch nicht, wann das gewesen sein könnte. Aber vielleicht spielt das gar keine Rolle? Denn Fakt ist, heute Abend bin ich ihm begegnet.

Ich begegnete jenem Teil, der bisher nicht leben wollte und mit der Haltung »Ich verstecke mich hier!« tief in meinem Inneren sitzend dachte:

Ach, die Menschen! Ich kenne ihre Schwächen. Und ich will nichts mehr mit ihnen zu tun haben.

In Wahrheit wollte ich mit diesem Teil in mir nichts mehr zu tun haben, denn er war genauso wie sie. Heute erst erkenne ich das. Wie arrogant ich doch war, andere für ihr Sosein zu verurteilen. Was hatte mich dazu bewogen? Ich empfand sie als unwürdig und hielt sie damit im Schatten. Jener Schatten, der nur mein eigener war – immer schon. Und vielleicht auch schon über viele Leben hinweg?

Es ist Spätherbst und ich sitze fröstelnd auf der Terrasse einer schönen Villa, die ich seit kurzem mein Zuhause nenne. Der Drang zu schreiben überkam mich von jetzt auf gleich und hindert mich nun daran, eine wärmende Decke herauszuholen. Seit längerem habe ich nicht mehr geschrieben, und wahrlich, es fühlt sich an wie heimzukehren. Früher hatte ich Angst, so allein in der Dunkelheit zu sitzen, doch heute vertraue ich.

Es geschieht eh, was geschehen soll.

Und womöglich beginne ich gerade das Buch meines Lebens. Wer weiß? Und es spielt auch keine Rolle. Es fühlt sich auf jeden Fall sehr gut an, denn es fließt aus mir heraus und die Worte wirken befreiend. Befreiend deshalb, weil ich nichts mehr vor mir und auch nicht vor Dir verberge. Es ist die Stunde der Wahrheit, und das Leben fordert mich auf, ihr jetzt im vollen Ausmaß zu begegnen. So tippe ich die Buchstaben Zeile für Zeile auf das leuchtende Weiß meines Laptops und spüre, wie verkrampft mein Körper ist. Doch ich mag mich nicht bewegen. Eben weil es so wichtig und dringend notwendig ist, mir meinen wahren Zustand bewusst zu machen.

Ich fühle Dich gerade als Leser und als Zeuge meiner Sätze, so als säßest Du neben mir und wir reden miteinander. Da bezeichne ich mich schon lange als psychologische Beraterin und stoße doch selbst immer wieder an meine Grenzen. Und ich nenne es an dieser Stelle bewusst noch »Grenzen«, weil ich sie brauche, um über sie hinwegzugehen.

Eine davon ist die Angst, meine geheimsten Gedanken offen auszudrücken. Und damit meine ich, sie als Worte so zu formen, dass nicht nur ich sie fühlen kann, sondern auch Du. Und da Du jetzt gerade diese Zeilen liest, weiß ich, dass Du dieselbe Wahrheit in Dir trägst. Wir haben sie beide noch nie ausgesprochen, geschweige denn sind wir je wirklich in sie eingetreten. Also lass es uns jetzt tun – gemeinsam! Denn nur wo zwei draufschauen, kann sie erkannt und befreit werden.

Aber warte kurz! Kann die Wahrheit überhaupt befreit werden? Die Wahrheit ist doch immer die Wahrheit, ganz gleich, wie sie aussieht.
Was will also erkannt werden – eine Lüge? Oder eine Illusion, die ich wie einen Vorhang vor die Wahrheit gehängt habe, um ein falsches Selbstbild zu schützen?
Ja, ich hatte immer viel zu verlieren. Zumindest glaubte ich das. Aber das, was ich gestern noch als Verlust empfand, ist heute der Weg in die Freiheit. Zwar weiß ich nicht, wie diese aussehen soll, doch ich fühle, dass ich jetzt anschauen muss, wovor ich so lange weggelaufen bin und was ich schnell abtat mit »Hab' ich längst hinter mir!«. Nein, das habe ich eben nicht, und

es wurde mir schlagartig klar, als ich das unnachgiebige Verlangen spürte, wieder zu schreiben.

Ich mache es kurz:

Seit drei Tagen stecke ich fest. So fest, dass ich mich selbst und die ganze Welt am liebsten in Stücke reißen würde. Ich wohne und arbeite auf ewige Freundschaft getauftem Boden und es gab heftigen Streit. Eigentlich will ich gar nicht darüber schreiben. Es reicht, dass es schlimm war. So schlimm, dass ich unfähig bin, auch nur ein Wort der Versöhnung auszusprechen, geschweige denn überhaupt zu denken. Die Märtyrerin in mir wetzt nämlich schon die Messer. Eine Rolle, die ich leider nur zu gerne spiele. Aber warum? Weil ich Harmonie nicht aushalte und keine Kraft mehr habe, immer wieder auf den Anderen zuzugehen?

Ich sehne mich wie jeder andere nach einem Menschen, der fähig ist, sich seine Fehler einzugestehen, mich wahrhaftig sein lässt und mir erlaubt, zu fühlen, dass ich ein liebendes Wesen bin. Ja, das bin ich wirklich. Ich weiß es. Und doch weiß ich es nicht. Denn immer, wenn mir jemand nahekommt, fährt innerlich eine trennende Glaswand hoch. Deshalb führte ich auch fünfzehn Jahre lang nur eine Beziehung, die mehr als Bettgeschichten und sofort zur Stelle sein, wenn man mich braucht, nicht bot. Ja, ich gebe es zu. Ich fürchtete, die Illusion einer Liebe, die nie existiert hatte, aufzugeben und zog sie stattdessen wie einen unsichtbaren Schatten hinter mir her – bis heute. Doch lieber unglücklich sein als frei und allein. Ja, das war meine geheime Überzeugung, und sie fiel mir nun erneut in der Konstellation »Freund fürs Leben« auf die Füße.

Wer hätte gedacht, dass ich von heute auf morgen in ein so tiefes Loch falle? Und womöglich habe ich die Krise auch noch selbst verursacht. Ja, eine tiefe Wunde ist aufgeplatzt, und der Eiter jahrelanger Verdrängung pulsiert gerade wie Lavamasse durch meine Adern. Ich möchte hier weg, am besten gleich wieder ausziehen und von vorn anfangen. Aber ist das der richtige Weg?

Die Wahrheit ist, ich habe mich meinen Mitmenschen gegenüber nie wirklich geöffnet, sondern nur so getan. Ich spielte eine Rolle, die mich nach außen liebevoll, gut, spendabel, schön und erfolgreich aussehen ließ, doch hinter der perfekten Frau war ich nur eine Diebin. Diebin im Sinne von Bestätigung klauen. Und es hat mich nie erfüllt.

Doch jetzt ist Schluss damit!

Die Fassade bröckelt, denn ich will und kann keine Schauspielerin mehr sein. Und jetzt ist der Moment, wo ich es zugebe und den Sprung durch die gläserne Wand, die mich gefangen hält, wage.

I

Ich sitze hier und warte auf eine Eingebung, die mich verstehen lässt, worum es in meinem inneren Kampf wirklich geht. Plötzlich höre ich eine Stimme. Sie kommt aus meinem Inneren, und doch scheint es, als erreiche sie mich von außen. Und sie sagt:

Formuliere eine klare Frage!

Ergriffen und verwirrt schaue ich um mich, doch da ist niemand. Also überlege ich kurz, und es kommt:

Warum leide ich, obwohl ich doch schon so viel an meinen Themen gearbeitet habe?

Ich lausche und spüre, wie sich eine ungewohnt wissende Ruhe in mir ausbreitet. Es ist ein wohliges Gefühl, das ich so nicht kenne. Mein Gehirn wird weich wie Watte und ich vernehme Worte, die spürbar in höherer Frequenz schwingen …

… nun, Du hast bereits viel verstanden, und doch ist es nur ein Bruchteil des Wissens, was Du wirklich bist. Du bist Wissen und ziehst unbewusst Informationen, die Du Erkenntnisse nennst, aus dem unendlichen Bewusstseinsfeld. Doch verstehe, dass diese Erkenntnisse immer gefärbt sind von Deinen unbewussten und bewussten Erwartungen, denn Du bekommst immer, wonach Du suchst. Und das heißt Leben!
Leben ist Entwicklung und sie hört nie auf. Ob Du durch diesen Körper lebst oder ihn einmal abgelegt haben wirst, Deine Reise endet nie.
Um diese Tatsache in ihrer Absolutheit zu verstehen, musst Du die Worte Geist und Seele unterscheiden, denn hier gibt es ein großes Missverständnis. Der allumfassende Geist lebt in Allem. Und Du bist stets mit ihm verbunden. Doch die Entscheidung liegt bei Dir, ob Du Dich seiner Allgegenwart öffnest. Du bist Teil von ihm, weil er von Dir und durch Dich sich selbst

erfährt und dadurch bewusst existiert. Deine Seele ist hierfür nur eine Art Stimmgabel, und im Anklang mit ihm ertönt sie als gefühlte innere Weisheit und gibt Dir stets Weisung hinsichtlich dessen, was als nächstes erfahren werden will. Vorausgesetzt, Du hast gelernt, ihr zartes Flüstern hinter dem lauten Gebaren Deines Verstandes zu vernehmen. Und genau das ist Dir eben gelungen.

Wer ist gemeint mit »Du«?

Du bist ein vibrierender Informationscode, der sich als Idee in einer bestimmten Form ausdrückt. Dein physischer Körper ist nur der Ausdruck auf der dichtesten Ebene. Bestimmt wird seine Existenz jedoch vom allumfassenden Geist, der durch Dein Erleben wirkt – und zwar immer in Bezug auf das Ganze und verbunden mit allem, was ist. Nichts bleibt von ihm unberührt. Jeder Gedanke und jede noch so kleine Gefühlsregung wirken in das Allsein hinein und finden ihren Widerhall. Das klingt schwer verständlich, das wissen wir. Doch vertraue auf die Worte, die von uns durch Deine Finger fließen.

Wer ist »wir«?

Du bist wir und wir sind Du. Lass es einfach so stehen! Du wirst es bald verstehen. Deine Hingabe ans Schreiben ist jetzt alles, was zählt, denn nun beginnt Deine Arbeit. Hast Du bemerkt, wie sich Dein Verstand gerade eingeschaltet hat? Das ist völlig normal. Du wirst schnell lernen, wie Du ihn beruhigen und uns ungestört zuhören kannst. Und bitte höre auf, Dich zu fragen, ob Du Dir unsere Gegenwart nur einbildest! Wisse, dass wir mit Dir in einer höheren Frequenz kommunizieren, wo es Sprachlaute nicht gibt. Und Du hast Dich durch die bewusste Entscheidung, eine Antwort zu empfangen, selbst auf diese neue Frequenz angehoben. Jetzt musst Du Dich nur daran gewöhnen. Schaffe Dir täglich einen Raum der Stille, um Dich mit uns zu verbinden! Wir sind immer und überall präsent und uns Deiner Anwesenheit stets gewahr. Also zweifle nicht und schreibe auf, was nun geschrieben werden will! Konzentriere und fokussiere Dich nicht, sondern lass Dich führen! Deine Liebe zum Schreiben ist für uns das Tor der Übertragung, und Deine persönlichen Fragen sind ihr Inhalt.

Vergiss bitte alles, was Du je gelernt hast! Vergiss bitte, wer Du gerade glaubst zu sein! Vergiss sogar, wen oder was Du liebst! Vergiss den Tag, das Datum und den Namen des Ortes, wo Du Dich gerade befindest! Du hast nun eine neue Erfahrungswelt betreten. Eine Welt, die Dir jetzt noch unbekannt ist. Und wir sind hier, um Dir dabei zu helfen, Dich in ihr zurechtzufinden. Das ist der Auftrag und Du bist ausreichend vorbereitet. Vieles wirst Du für Fantasie halten und als verwirrend empfinden, aber das hat keine Bedeutung. Was zählt, ist einzig und allein die Frequenz, in der Du schreibst. Die Frequenz, in der Du die Buchstaben zusammensetzt, macht dieses Buch zu einem mächtigen Werkzeug der Veränderung. Und diese Veränderung bedeutet Wachstum. Ja, Du hast das richtig formuliert. Wachstum! Alles, was in Deiner Wahrnehmung Leid verursacht, dient dem Wachstum. Bisher hast Du durch Schmerz gelernt, aber schon bald wirst Du erkennen und fühlen, dass Schmerz nur eine Energie ist, die sich verändern will. Und ihre Absicht werden wir als Motor nutzen.

Dein Verstand stellt unsere Worte gerade in Frage. Schenke ihm daher kurz einen Moment Deiner Aufmerksamkeit und mach danach weiter! Wir sind jetzt miteinander verbunden, auch wenn Du noch daran zweifelst. Unsere Interaktion hat begonnen und wir teilen die Aufregung in Deinem Herzen. Das ist schön. Wir freuen uns auch. Lass Dich ein! Du musst weder verstehen noch etwas Besonderes wissen. Wir brauchen nur Deine Aufmerksamkeit. Mehr ist nicht erforderlich. Du wirst sehen, am Ende ergibt alles Sinn und Du wirst sein, was Du durch unsere Verbindung bist. Vertraue!

II

Wie kann ich vertrauen? Und vor allem – wem?

Dem allumfassenden Geist darfst Du vertrauen. Auch wenn Du ihn nicht bewusst spürst, gibt er Dir doch immer, was Du brauchst. Und im Innern hast
Du Deine Antwort längst. Aber Du wirst getäuscht von Projektionen, die
Dich glauben lassen, weitsichtig sein und ebenso handeln zu müssen. Dabei
bemerkst Du nicht, dass es niemals um Weitsicht, sondern nur um die Wahrheit geht. Und wahr ist, wenn Du Dich in Harmonie mit dem Leben fühlst
und weder mit Deinem eigenen Leid noch dem der anderen identifiziert bist.

Was meint Ihr mit »Identifikation«?

Wir erklären es Dir an einem Beispiel.

Deine vermeintliche Identität ist nur eine Geschichte, die Du über Dich er-
zählst, ähnlich wie eine Schürze, die Du anziehst, um Dich beim Kochen
nicht schmutzig zu machen.
Du trägst sie und bezeichnest Dich als Koch. Und weil Du glaubst, dieser
Koch und dasjenige »Ich« wirklich zu sein, verhaftest Du in Deiner eigenen
Kreation. Dabei entgeht Dir jedoch, dass Du nicht Deine Geschichte bist,
sondern nur ein Wesen, das bestimmte Erfahrungen macht. In diesem Fall
ist es Kochen.
Und Deine Anhaftung an das Erlebte, das Du aus der falschen Identifikation heraus auch noch als gut oder schlecht bewertest, hält Dich auf einer
Erfahrungsebene niederer Frequenz. Der Grund hierfür ist Dein irrtümli-
cher Bezug zu einer erfundenen Geschichte, die Du sowohl einzeln als auch
kollektiv fortwährend bestätigst. Und Dein in falscher Identität errungenes
Wissen steht Dir nun als Hindernis im Weg.
Deine Identifikation mit dem, was Du meinst zu wissen, macht Dich starr
und verschließt Dich vor der Erkenntnis der wahren Ursache Deines Konfliktes.

Und um auf Deine eingangs gestellte Frage zurückzukommen:
Du vertraust nicht, weil Du Dich selbst nicht kennst! Und wen Du nicht kennst, dem misstraust Du. Deshalb erschaffst Du Menschen und Situationen in Deinem Leben, die Dein Misstrauen Dir selbst gegenüber bestätigen, und Du weißt nicht mehr, an wem oder was Du Dich orientieren sollst. Niemand hat Dich je ermutigt, die Meinungen und Ratschläge Deiner Eltern, Lehrer und Vorgesetzten zu hinterfragen. Und jetzt, wo es im Außen scheinbar keinen glaubhaften Menschen mehr gibt, gerätst Du ins Zweifeln.

Du hast noch keinen festen Standpunkt, und den kann Dir in Deiner Unsicherheit, wie Du gerade bemerkst, auch kein anderer Mensch geben. Nur der allumfassende Geist kann das! Und wir bringen Dich ihm so nahe, dass Du Dich durch all Deine Schöpfungen in ihm erkennst.

Worte sind dabei nur Hilfsmittel. Auch sie wurden bisher verkannt. Doch wisse: Jeder Buchstabe hat sein eigenes Schwingungsfeld, und dieses erweitert oder verengt sich je nach seiner Zusammensetzung mit anderen Buchstaben.

Ein gedachtes, geschriebenes oder ausgesprochenes Wort wirkt daher immer und nährt oder schwächt nicht nur seinen Schöpfer, sondern auch jeden, der es empfängt.

Weil Worte in ihrer weitreichenden Bedeutung noch nicht gefühlt und damit bewusst erfahren werden, kommt es zu ihrem unbewussten Gebrauch. Und der führt zu vielen Missverständnissen.

Sei Dir bewusst:

Welche Worte auch immer Du mit uns zu Papier bringst, sie schwingen in einer höheren Frequenz, und diese wird jetzt durch die Anhebung Deiner Lebensenergie spürbar. Also fühle sie, bevor Du sie schreibst, denn jedes einzelne Wort bezeugt, wer Du bist.

Merke Dir:

Die Idee verlässt nie die Quelle, und an den Worten erkennst Du Deine Taten. Indem Du Deine Worte bewusst fühlst, wählst Du Dich selbst. Und damit übernimmst Du die Verantwortung für all Deine Schöpfungen.

Doch kommen wir zum Vertrauen. Ein Mangel an Vertrauen ist der Mangel an Autorität, die Du in Wahrheit bist, aber nie beansprucht hast. Und durch jeden gefühlten Konflikt fordert der allumfassende Geist Dich dazu auf. Denn erst wenn Du Dich in Deiner Autorität als Schöpfer anerkennst, kannst Du Deinen rechtmäßigen Platz im Kreislauf von Werden und Vergehen einnehmen. Und sobald Du das tust, wirst Du Dir Deiner selbst als gefühltes Wort bewusst und wirst bereits beim Denken, Lesen, Zuhören oder Betrachten einer Situation Berge versetzen, denn als Bewusstsein wirst Du immer wahrgenommen und sofort mit Gleichem beantwortet.

Sei daher jetzt bereit zu vertrauen, auch wenn Du Dich dabei allein fühlst! Wir vergewissern Dir, dass Du es niemals bist und niemals warst. Spüre in unsere Worte hinein und sei Dir ihrer höheren Frequenz einfach nur bewusst, aber gehe nicht dem Bedürfnis Deines Verstandes nach, sie verstehen zu wollen. Das geschieht später von selbst, vorausgesetzt, Du lässt Dich weiter führen. Jetzt im Moment haben wir die Führung übernommen und sind uns dessen sehr wohl bewusst. Und das ist die Wahrheit, auch wenn sich Dein Verstand dagegen wehrt.

Doch fahren wir fort! An den Worten erkennst Du ihre Taten. Meint jemand zu wissen, was Dir fehlt oder wie Du Dich verhalten musst, damit es ihm oder ihr in Deiner Gegenwart besser geht, sei Dir gewiss, dass dieser Mensch sich selbst verloren hat. Verloren, weil er sich selbst nicht wahrnehmen kann und deshalb sein unbewusstes Denken, Fühlen und Handeln auf Dich projiziert. Er überträgt nur seinen gespaltenen Zustand auf Dich und verleugnet damit seine Autorität.

Und weil er sich mit der Verleugnung seiner Autorität in einer niederen Frequenz hält, entsteht eine große Verwirrung, die sich wie ein Virus ausbreitet und einen nach dem anderen ansteckt. Ein Mensch jedoch, der bewusst das Wort ist, wird zur Autorität, und diese kann er nicht missbrauchen, ohne sich selbst zu schaden. Sagt Dir also jemand, was ihm oder ihr an Deinem Verhalten stört oder erklärt Dich womöglich einer gescheiterten Sache für schuldig, dann handelt es sich um die Projektion eines inneren Selbstbildes. Mit anderen Worten: eine Übertragung der unbewussten Annahme, selbst schuldig zu sein.

Und fühlst Du Ablehnung, Wut, Zorn, Ohnmacht oder Ärger, dann hast Du sowohl der Übertragung als auch ihrer Auswirkung auf Dich unbewusst zugestimmt, Dir damit jedoch eine Gelegenheit geschaffen, eine Illusion zu erkennen.

Ja, Du hast es bereits erkannt. Niemand außer Dir weiß, welche Erfahrungen Du machen willst und musst, um die unbewussten Aspekte Deines Seins zum Vorschein zu bringen und dann zu integrieren. Daher vertraue Deinem inneren Wort! Wiege es so lange hin und her, bis Du Dir der Absicht dahinter bewusst geworden bist.

Nichts ist dabei unbedeutend. Doch wahre Bedeutung erfährt es erst durch Bewusstheit. Hältst Du also Dich oder jemanden für wahnsinnig, dann nur, weil es von Bedeutung ist, Dir Deines eigenen Wahns bewusst zu werden. Denn nichts da draußen hat mehr oder weniger, geschweige denn überhaupt eine Bedeutung, außer der, die Du einem Wesen, einer Sache oder Angelegenheit gibst. Die Bedeutung jedoch, von der wir sprechen, beinhaltet die Anhebung in eine höhere Frequenz. Und die fühlt sich zu Beginn immer ungewohnt an.

Der Schlüssel zur wahren Bedeutung des Wortes als Frequenz ist immer Dein Gefühl – und das heißt Harmonie. Fühlst Du stattdessen Ärger, Wut, Schmerz oder Traurigkeit, dann ist selbst das nicht die Bedeutung, die wir meinen. Dann ist auch der Gedanke darüber nicht die Wahrheit, sondern er verfolgt nur ein Ziel – nämlich die Anerkennung als Opfer. Und diese Anerkennung für die Identifikation mit einer Illusion ist Zeuge des Mangels und nicht des Vertrauens.

III

Wenn ich nicht in meiner Autorität bin, wie kann ich dann wissen, was gut oder schlecht für mich ist?

Alles, was in Deiner Erfahrungswelt auftaucht, ist immer Deine Schöpfung. Und somit begegnest Du in Allem und Jedem auch nur Dir selbst. Wie kann dann etwas gut oder schlecht sein? Es ist einfach, wie es ist. Entscheidend ist nur die Absicht hinter Deiner Schöpfung. Daher frage Dich jetzt:

Zu welchem Zweck habe ich diese Erfahrung erschaffen?

Sobald Dir bewusst ist, welche Absicht Deinen Entscheidungen zugrunde liegt, verstehst Du auch ihren Erfahrungswert und die darin liegende Chance auf Wachstum. Und es gibt nur zwei Arten von Absichten: Entweder um Schmerz zu vermeiden oder die reine Freude am Erschaffen.

Wir geben Dir ein Beispiel.

Nehmen wir an, Du wählst eine bestimmte Dienstleistung, eine Sportart, ein bestimmtes Essen oder Trinken, damit es Dir gut oder besser geht. Entscheidend ist hierbei nicht, was oder wen Du wählst, sondern einzig und allein, wozu es dient. Zu welchem Zweck hast Du Dir diese Erfahrung erschaffen?
Was auch immer in Deiner Erfahrungswelt auftaucht, hilft Dir, Dich weiterzuentwickeln. Du hast das Produkt, den Menschen oder die Situation unbewusst oder bewusst eingeladen, und deshalb sind sie da. Von Bedeutung ist daher nur, wie Du auf sie reagierst und was Du aus der Erfahrung machst.

Aber beachte auch: Was Du wahrnimmst, ist immer eine Projektion Deines Inneren und vor allem Deines unbewussten Zustandes. Hast Du das überprüft und bestätigt, erkennst Du auch die Projektionen Deines Gegenübers, ohne darauf in besonderer Form reagieren zu müssen. Es sei denn, ein Aspekt in Dir, den Du nicht spüren willst oder kannst, fühlt sich angesprochen und lässt Dich unbewusst handeln.

Doch werden wir jetzt etwas ausführlicher. Hier ein weiteres Beispiel zur Beantwortung Deiner Frage. Wie Du weißt, gibt es unzählige Angebote für gesundheitsfördernde Produkte oder Kurse jeglicher Art. Auch hier geht es nicht um eine gute oder schlechte Qualität, sondern einzig und allein um die Absicht dahinter. Und wenn diese »Schmerz vermeiden« heißt, kann nur entstehen, was vermieden werden will.

Wisse:

Wer in der Frequenz von Mangel erschafft, schwingt zu niedrig, um sich aus der Wahrnehmung von Schmerz zu befreien. Hierfür bedarf es einer höheren Frequenz.

Daher sage jetzt bitte laut:

Ich empfange nur, was ich bin und bereits in mir trage!

Die Idee verlässt nie die Quelle. Und Gleiches zieht Gleiches an. Jedes Angebot ist geprägt von seinem Schöpfer. Und ist sich dieser seiner Autorität noch nicht vollends bewusst, wird er seinen Mangel durch seine Schöpfung nach außen projizieren und damit sich selbst und andere in einer niederen Frequenz halten.

Sei Dir also stets bewusst, wo Du gerade mental, seelisch und physisch stehst. Wie fühlst Du Dich? Was genau ist in den vergangenen Tagen oder Wochen geschehen? Wenn Du bewusst hinschaust und in Dich hineinspürst, erkennst Du, weshalb ein bestimmtes Produkt oder ein bestimmter Mensch ausgerechnet jetzt in Deiner Erfahrungswelt erscheint.

Nichts geschieht zufällig, denn um es oder ihn überhaupt wahrnehmen zu können, muss sein Vorhandensein längst zugelassen und von Dir unbewusst oder bewusst bestätigt worden sein. So hat dieses Produkt oder jene Begegnung immer einen Nutzen für Deine Entwicklung.

Merke Dir:

Alles, was Dir begegnet, ist eine Erfahrung, die Dich wachsen lässt!

Wenn Du diesen Satz in schwierigen Situationen laut aussprichst, wirst Du erkennen, dass er wahr ist. Und dann wird er Dir Wege und Lösungen aufzeigen, die Du ohne ihn nicht wahrgenommen hättest.

Daher sage jetzt:

Alles, was mir begegnet, ist eine Erfahrung, die mich wachsen lässt!

Also fassen wir noch einmal kurz zusammen. Wenn Du wissen möchtest, ob etwas gut für Dich ist oder nicht, kannst Du sicher sein, dass es immer nur ein »Gut« gibt – auch wenn sich manche Erfahrungen im ersten Moment nicht so anfühlen oder danach aussehen. Und mit »gut« meinen wir eine Gelegenheit für den nächsten Schritt in Deiner Entwicklung, für den Du Dich unbewusst oder bewusst entschieden hast.

Die nächste Frage lautet daher:

Was will ich durch diese Erfahrung lernen?

In diesem Fall wolltest Du vielleicht die besondere Wirkung eines bestimmten Produktes erfahren und Dir ein eigenes Bild davon machen. Aber bei allem, was passiert, will auch Dein Verstand mitreden. Er glaubt nämlich, bereits alles zu wissen. Doch dabei trennt er die Erfahrung von der Erkenntnis der Absicht und übergeht so die Antwort, die sich in Dir längst gezeigt hat, denn auf die höhere Frequenz der Frage kann er sich nicht anheben.

Alles in »entweder oder« zu unterteilen, ist seine Aufgabe. Und er hilft Dir, Dich in der Welt der äußeren Erscheinungen zurechtzufinden, doch nur bis zu einem bestimmten Grad an Bewusstheit. Dein inneres Wissen jedoch gelangt über diesen Grad hinaus und muss deshalb beachtet, gefühlt und in jede Entscheidung mit einbezogen werden.

Inzwischen hast Du ja ein gutes Gespür dafür entwickelt, wenn eine Projektion von Mangel als Wahrheit verkauft wird, und nun lernst Du, die Sprache Deiner inneren Weisheit zu deuten. Vertraue stets ihrer Weisung! Sie schaut immer auf das Ganze, und durch ihre Sicht kannst Du die Absicht hinter dem Offensichtlichen und ihre Wirkung erkennen. Der Filmemacher* wurde Dir hierfür bereits als Hilfe gesandt. Mit ihm hast Du gelernt, das Erscheinungsbild als Ausdruck des Inhaltes wahrzunehmen. Doch er trägt noch einen unerkannten Aspekt in sich, den Du erst im weiteren Verlauf unseres Austausches verstehen wirst. Sich an dieser Stelle mit ihm zu beschäftigen, wäre verwirrend. Nach der ganzen Aufregung müssen wir Dich erst einmal stabilisieren und dann Schritt für Schritt in Deine Kraft bringen. Und um zu entscheiden, was Du hierfür tun oder zu Dir nehmen sollst, brauchst Du nur gut zuzuhören.

So wie Du zusätzlich ein geistiges Auge hast, das durch die Welt der Formen hindurchsehen kann, verfügst Du auch über ein drittes Ohr. Es handelt sich um ein feinstoffliches Organ, das sich im Inneren Deines Kopfes befindet und all Deine bewusst wie unbewusst aufgenommenen Informationen wie eine Art Sog in eine höhere Frequenz anhebt und damit ihre wahre Essenz zum Empfangen freigibt.

Hier ist ein Beispiel:

Jemand berichtet, dass ein Produkt heilend und schützend wirkt. In so einem Fall stell Dir zuerst folgende Fragen! Warum existiert dieses Produkt?

---

*Das Buch »Du bist der Filmemacher ... und siehst nur, was Du im Geiste bist!« ist eine frühere Publikation von mir. Inhaltsbeschreibung am Ende dieses Buches.

Was ist die Absicht hinter der Herstellung und Vermarktung? Was auch immer Dir in den Sinn kommt, es stimmt. Und zwar für Dich, weil Du Deinen inneren Zustand auf die Absicht dieses Menschen projizierst. Aber so wie Du projiziert auch er und versucht im Außen etwas abzuwehren, was sich in seinem Inneren befindet. Und einmal angenommen, dass ihm diese Tatsache noch nicht bewusst ist, handelt es sich hierbei um die unbewusste Absicht, Schmerz zu vermeiden und nicht um die Freude am Erschaffen.

Wir wiederholen es gerne noch einmal:

Wenn die Absicht »Schmerz vermeiden« heißt, kann nur entstehen, was vermieden werden will.

Doch selbst das ist auch wieder nur eine Erfahrung, die Veränderung bewirkt und somit dem Wachstum aller Beteiligten dient. Sonst würde es dieses Produkt auch gar nicht geben. Was jedoch meist unbemerkt und daher unverstanden bleibt, ist der blinde Fleck – also die Projektion selbst. So ist es dem Aussender oder Hersteller nicht bewusst, dass aus Angst empfundener Mangel durch seine Schöpfung hindurchwirkt und genau diese Empfindung im Kollektivfeld verstärkt.

Also frage Dich nun:

Welcher Aspekt meines Wesens wird mir hier durch mein Gegenüber bewusst gemacht? Wo und was ist mein blinder Fleck, den ich jetzt erkennen und annehmen darf?

Die Kunst, die richtige Frage zu stellen, ist der Schlüssel für das Empfangen einer Antwort. Am besten, Du hörst Deinem Gegenüber im Gespräch oder während seiner Reden genau zu und übersetzt dann später in Ruhe die Aussagen. Frage auch immer wieder bewusst nach und sei offen für das, was Dir berichtet wird. Erinnere Dich, Du hast es erst vor wenigen Tagen selbst erlebt. Daher lass uns diese Erfahrung zur Veranschaulichung nutzen!

Erzähl! Worum ging es?

Ich erhielt ein Angebot für die Mitarbeit an einem neuen Projekt und war mir nicht sicher, ob ich es annehmen soll.

Was genau hast Du im Gespräch wahrgenommen?

Diese Person erzählte abwertend von einem Mitbewerber.

Genau. In diesem Fall kannst Du sicher sein, dass die Aussagen eine unbewusste Projektion des Erzählers waren.

Sicher? Aber was mache ich jetzt mit dieser Feststellung?

Hab etwas Geduld. Du wirst es gleich verstehen. Doch vorher erinnere Dich bitte noch einmal kurz an Deine ursprüngliche Frage. Was genau wolltest Du wissen?

Wenn ich nicht in meiner Autorität bin, wie kann ich dann wissen, was gut oder schlecht für mich ist?

Richtig. Und nun setze alle Gedanken und Bilder zusammen, die Dir nach der Begegnung mit dem Anwerber auf der Heimfahrt in Bezug auf die eben gestellte Frage in den Sinn gekommen sind. Erinnere Dich! Du warst im Auto. Was hast Du wahrgenommen?

Einen Igel. Er ist auf die Straße gelaufen. Und fast hätte ich ihn überfahren. Dann habe ich auch noch die Ausfahrt wegen der blöden Baustelle verpasst und musste einen Umweg fahren. Ich habe das Schild einfach nicht gesehen. Dann kam ich in einen gefühlt endlosen Autobahnkreis. Die

Fahrt kam mir ewig vor und es schien, als würde ich nicht von der Stelle kommen.

Sehr gut. Die Antwort zeigte sich Dir in diesem Fall ganz deutlich. Hast Du sie verstanden?

Nein.

Dann fühle noch einmal in die folgenden Worte hinein:

Igel ... überfahren ... Ausfahrt verpasst ... Baustelle ... Umweg ... Schild nicht gesehen ... endlos im Kreis ... und nicht von der Stelle kommen.

Jetzt verstehe ich.

In dem Augenblick, wo Du Dich entscheidest, die Beobachtungen von scheinbar unbedeutenden Dingen und Begebenheiten ohne Wertung Deines Verstandes in einen Zusammenhang zu bringen, kann sich Dir die Antwort offenbaren.

Und das ist immer so?

Ja, durch Dein bewusstes Hinschauen öffnest Du Dich für eine höhere Ebene des Wissens. Und diese teilt sich Dir mit durch Deine Wahrnehmungen. Jetzt braucht es nur etwas Übung. Schon bald wirst Du mit Hilfe Deiner inneren Weisheit jede Antwort auf Deine Fragen in ihrem äußerlich erscheinenden Ausdruck lesen können.

IV

Ich habe seit Tagen Herzschmerzen. Zu wem soll ich mit meinen Beschwerden gehen? Oder kann ich selbst etwas dagegen tun?

Das ist eine gute Frage. Sie erweitert Deine Sicht auf jenen verdrängten Aspekt Deines Seins, der unbemerkt in die Heiler- und Therapiearbeit miteinfließt und dadurch seine Spuren in jedem »sich krankfühlenden Menschen« hinterlässt. Wir sagen bewusst »krank fühlend«, weil es Krankheit nicht gibt, sondern immer nur den Ausdruck eines inneren Zustandes.

Solange Du Gefühle mit der Absicht »Schmerz vermeiden« unter Verschluss hältst, lebst Du eine Lüge und wirst Dich aus Angst an ein gewohntes, aber anstrengendes Überlebensmuster klammern. Und das ist der Grund, warum Du Dich entkräftet und energielos fühlst. Das Unterdrücken von Schmerz, Wut, Verzweiflung und Trauer kostet Dich nämlich jene Energie, die Du eigentlich für Deine kreativen Schöpfungen zum Wohle aller benötigst. Und diese sind inspiriert vom allumfassenden Geist durch die Verbindung mit Deiner Seele – wahrgenommen als gefühlte innere Weisheit.
So spricht die Seele zwar durch den physischen Körper, doch sie hat eine ganz andere Vorstellung von der Verwendung seiner Kräfte als er. Denn während der Körper verschiedene Bedürfnisse zu stillen sucht, seien es körperliche, emotionale oder auch soziale, hat die Seele keine. Sie will nur sich selbst durch ihn erfahren und sieht daher jede Erfahrung als Lernaufgabe. Wenn Du dies als Bedürfnis bezeichnen möchtest, kannst Du das gern tun, doch es ist mit Gewissheit nicht nötig, um zu überleben oder irgendetwas zu bekommen. Da die Seele nicht sterben kann, ist sie diesem Irrtum nicht erlegen, aber Deine Identifikation mit dem Körper schon.

Doch kommen wir zurück zu jenen heilenden Helfern, die sich in den Dienst der »sich krankfühlenden Menschen« stellen, indem sie sie darin unterstützen, gesund zu werden.

Aber was genau bedeutet »gesund sein«? Wenn doch Krankheit eine Illusion und nur abhängig vom inneren Zustand des Menschen ist?

Es ist eine schwierige und leichte Frage zugleich, je nachdem, in welcher Frequenz Du sie betrachtest. Schwer deshalb, weil Du ja irgendwelche Wehwehchen zu haben glaubst oder glaubst, haben zu müssen.

Hm.

Wir wissen, dass Dich das jetzt sehr ärgerlich macht, doch lass es einfach so stehen und in Dir arbeiten! Lass es arbeiten! Das ist von großer Wichtigkeit.

…

Es geht immer nur darum, die richtige Frage zu stellen und nicht sofort eine Antwort haben zu wollen. Zumal Du diese eigentlich nie wirklich finden oder haben kannst, denn wo Klarheit einkehrt, wird einfach nur die Frage überflüssig und die Antwort hat es in diesem Sinne nie gegeben. Was bleibt, ist dann ein wissendes Gefühl.

Also wenn ich meine Krankheit unbewusst erfunden und längst vor ihrem Entstehen eingeladen habe, dann bin ich selbst dafür verantwortlich? Das ist ein harter Brocken. Den muss ich erstmal schlucken.

Ja, und da Du für all Deine Schöpfungen verantwortlich bist, bist Du ebenfalls verantwortlich für ihr Verschwinden.

Aber wie verschwindet eine »gefühlte Krankheit«?

Indem Du erkennst, was sie ist. Nämlich nur eine Einladung, um eine ganz bestimmte Erfahrung zu machen.

Aber welche könnte das sein?

Vielleicht die Erfahrung, jemanden um Hilfe zu bitten und diese auch zu empfangen. Oder die Erfahrung, sich von einem anderen Menschen abgelehnt und isoliert zu fühlen.

Ja, aber auch die Erfahrung, mehr auf meine Seele zu hören und andere Entscheidungen zu treffen.

So viele Erfindungen von Krankheit, wie es gibt, so viele Absichten für Erfahrungen stecken dahinter. Hast Du erst einmal verstanden, dass Du alles, was Dir widerfährt, selbst eingeladen und Dir auf unbewusster Ebene sogar gewünscht hast, dann erkennst Du auch den Irrsinn, sich in irgendeiner Weise als Opfer zu fühlen.

Dann bin ich immer nur das Opfer von mir selbst?

Ja. Und wir wissen, das ist eine schwere Kost, wenn Du über die Sätze in der Frequenz der »gefühlten Krankheit« nachdenkst. Doch lass es einfach so stehen! Du musst ja keine Meinung dazu haben. Es braucht noch ein paar mehr Worte, um die Krankheit als eine Illusion zu erkennen.

Doch weiter im Text. So gehst Du nun zu einem heilenden Helfer mit der Absicht, von einem bestimmten Symptom befreit zu werden, das Du selbst eingeladen und daher als Schöpfer auch erschaffen hast – zwar unbewusst, doch Du hast es getan. Und vor allem warst Du damit zu hundert Prozent einverstanden und hast Dich deshalb mit dieser Erfahrung harmonisiert.
Also egal, was Du erlebst, du erlebst es nur, weil Du unbewusst in Harmonie mit dieser Erfahrung bist. Und der heilende Helfer erscheint in Deiner Erfahrungswelt, weil Du es längst entschieden hast. Und dann macht er Deine Beschwerden mit diversen Mitteln und Techniken weg. Glaubst Du das wirklich?

Na, zumindest geht es mir dann etwas besser.

Ja, natürlich geht es Dir hinterher besser, aber was meinst Du, warum? Gibt es wirklich irgendjemanden außer Dir, der verstehen und erkennen könnte, was Dein Körper als »gefühlte Krankheit« ausdrückt, um dann Deine eigene Schöpfung zu entfernen?

Das ist eine gute Frage.

Lass diese Frage bitte wirken und geh mit uns noch einen Schritt weiter. Nehmen wir dennoch einmal an, dass der besagte heilende Helfer Dich heilt, was genau heilt er, wenn er selbst auch Deine Schöpfung ist?

…

Ist er womöglich nur ein von Dir erfundenes Hilfsmittel, weil Du der eigenen Verantwortung ausweichst und Deiner Heilkraft nicht traust?

Aber wenn's hilft, dann ist doch auch das gut.

Ja, das stimmt, wenn nicht noch etwas anderes mit einfließen würde. Dieser heilende Helfer glaubt nämlich an dieselbe Illusion wie Du und beseitigt etwas, das er noch nicht als die eigene Projektion erkannt hat. So hält er sich für besonders – auch wenn er das vor sich selbst und seinem Gegenüber verbirgt – und investiert damit in eine Selbstlüge. Und solange er nicht erkennt, dass er immer nur sich selbst behandelt, bleibt jener Teil in ihm unerlöst und erzeugt noch mehr Illusionen. So lebt auch er in einer niederen Frequenz und bemerkt nicht, wie sinnlos seine Arbeit in Wahrheit ist. Denn diese Sinnlosigkeit wird ständig gefüllt mit neuen Aufgaben, die ihn weiterhin glauben lassen, dass er heilt.

Der wahre Heiler bist immer nur Du. In dem Moment, wo Du bewusst entscheidest, Dir Hilfe zur Behebung eines Symptomes zu suchen, ist es längst geschehen. Und da Du an die Illusion der Zeit glaubst, dauert es manchmal auch eine Weile. Doch genau hier liegt der Irrtum. Du selbst hast Dich nämlich längst befreit. So ist der heilende Helfer auch nur ein »sich krank

Fühlender«. Und geholfen hat er nur in einer Sache – und zwar die Illusion der Krankheit aufrechtzuerhalten. Denn in dem Augenblick, wo er auf die »Krankheit« schaut, bekräftigt er sie und macht sie damit wirklich. Er und Du bleiben somit in einer Projektion des unbewussten Versuches, sich jeweils selbst gesund zu machen, und die Wahrheit hat dabei niemand erkannt.

Was ist also »gesund sein«?

Gesundheit ist Dein ursprünglicher Zustand. Jener Zustand, den Du vergessen hast. Und weil Du Dich nicht daran erinnerst, hast Du entschieden, die Illusion von Krankheit zu erschaffen, damit Du durch ihre scheinbare Heilung erkennen kannst, was Du in Wahrheit bist – nämlich reiner schöpferischer Geist, der weder leiden noch sterben kann.

Wichtig hierbei ist nur die Frequenz, in der Du schaust, denn sie ist entscheidend für die Erfahrung, die Du machst. Je höher sie ist, umso schneller erkennst Du die Krankheit als Illusion, und deshalb brauchst Du sie auch nicht neu zu erschaffen. Alles ist Bewusstsein, und wirst Du Dir dieser Tatsache bewusst, nutzt Du Deine Schöpferkraft zur Bestätigung der Wahrheit und nicht länger zur Aufrechterhaltung einer Lüge.

V

Warum machen mich Eure Worte so wütend?

Weil sie in Dir und durch Dich arbeiten und Dein Verstand ihre Wirkung nicht versteht. Denn dort, wo unsere Worte ihre Bedeutung finden, gelangt er nicht hin. Diese Erfahrungswelt ist ihm verschlossen und daher auch nicht verständlich. Aber lass uns gemeinsam auf Deine Wut schauen! Wie und wo fühlst Du sie?

Ich weiß nicht genau. Irgendwo tief in mir drin!

Es fühlt sich womöglich so an, als sei sie in Dir, doch das ist sie nicht. In Wahrheit umschleicht sie Dich wie eine unsichtbare Schlange. Kannst Du das bestätigen?

Ja. Kommt hin.

Sie zieht sich durch Deinen feinstofflichen Energiekörper und ist etwas Lebendiges. Meist schläft sie, aber aufgrund der Anhebung in eine höhere Frequenz durch unsere Worte wird sie wach – so wie jetzt.

Ist sie etwas Fremdes?

Nein, ist sie nicht. Sie drückt sich aus durch Deine Lebensenergie und ist so lange da, wie Du mit Deiner Geschichte über Dich und die scheinbar von Dir getrennte Welt identifiziert bist.

Aber warum ist sie da?

Sie will Dir helfen.

Helfen wobei? Ich will sie nicht.

Du hast sie erschaffen und jetzt beschwerst Du Dich über ihre Anwesenheit.

Ja, weil es sich unangenehm anfühlt.

Sie bewegt sich, weil sie Dich damit auf einen verborgenen Aspekt Deines Seins hinweist. Und dieser wurde durch die vorherigen Worte berührt. Nimm ihre Bewegungen an und vertraue ihr! Sie bringt Dich nur in Berührung mit dem, was Du noch vor Dir selbst und anderen verbirgst.

Boah ... bin ich wütend. Ich könnt' grad ausrasten.

Am heftigsten reagiert die Schlange, wenn sie sich verteidigt. Dann spritzt sie Gift. Also lass sie in Frieden durch Deinen Energiekörper schlängeln, beobachte nur und spüre nach, wo sie sich gerade befindet. Mehr brauchst Du nicht tun. Greife sie auch nicht an, indem Du denkst, sie muss weg. Erinnere Dich, sie ist Deine Schöpfung und hat eine ganz wichtige Aufgabe. Wie gesagt: Sie will Dich führen und dorthin bringen, wo Du den Selbstbetrug erkennst.

Wer sagt, dass das wahr ist?

Es muss eine Illusion geben, in die Du investiert hast. Sonst wäre sie nicht aufgewacht, sondern hätte in Ruhe weitergeschlafen.

Hm.

Willst Du die Antwort auf Deine Frage wissen?

Ja.

Dann frage Dich jetzt laut:

Wenn alles immer aus Liebe geschieht, welcher Teil in mir fühlt sich hier bedroht?

Du hast viel über das Leben, schwierige Menschen und Umstände ge-schimpft, ohne zu bemerken, dass Du all diese Schöpfungen bist. Denn was Du im Außen ablehnst, ist immer nur Dein blinder Fleck.

Und jetzt erkennst Du plötzlich, dass dies eine Täuschung vor Dir selbst war und Du Dich und Dein Umfeld unbewusst belogen hast. Und genau deshalb fühlst Du Dich beim Jammern und Beschweren über andere nicht gut. Denn Du beschwerst Dich damit nur selbst, weil Du Dich durch die Verleugnung Deiner Verantwortung als Schöpfer in eine niedere Frequenz begibst.

Und jetzt erkennst Du nicht nur die Ursache des Konfliktes mit Deinem Gegenüber, sondern auch, dass Du Euch beide davon abgehalten hast, die Wahrheit über Dich und ihn zu erkennen.

Jetzt geht's ab in meinem System.

Wir wissen, wie Du Dich fühlst. Doch sei froh, denn Du erkennst nun je-nen Unsinn, den Du betrieben und an den Du geglaubt hast. Jetzt zeigt sich die Wahrheit und die Schlange weist Dir den Weg. Daher erinnere Dich kurz noch einmal an Deine eingangs gestellte Frage. Wie lautete sie?

Warum machen mich Eure Worte so wütend?

Genau. Spüre jetzt bewusst Deine Wut und wisse: Sie ist einfach nur eine Erfahrungswelt, die Du jederzeit ändern kannst, und es ist gerade, wie es ist – mehr nicht. Und damit Du diese Erfahrung als neutrale Gegebenheit wahr- und annehmen kannst, erhöhe nun bewusst Deine Frequenz und ver-binde Dich mit Deiner inneren Weisheit.

Sage bitte laut:

Ich bin die Veränderung meiner Erfahrungswelt und verantwortlich für meine Wahrnehmung.
Ich entscheide, mich jetzt in eine höhere Frequenz anzuheben.
Ich bin Liebe und schaue in Liebe auf meine Wut.
Ich verbinde mich mit meiner inneren Weisheit und harmonisiere mich mit der eben gestellten Frage und Antwort, wie sie auch immer aussehen mag.

Mit diesen Worten hast Du Dir selbst die Erlaubnis gegeben, die Wahrheit hinter Deiner Wut zu sehen. Und nun warte geduldig ab!

Mach ich.

Bemerkst Du, wie sich die Schlange beruhigt?

Ja.

Das ist ein gutes Zeichen, denn wo Weisheit ist, kann Wut nicht sein.

Jetzt fühle ich es. Meine Wut gilt mir selbst. Ja, ich bin nur wütend auf mich.

Stimmt, aber Du glaubtest, dass der Grund Deiner Wut unsere Worte oder der Konflikt mit Deinem Gegenüber seien. Jetzt weißt Du, dass das nicht die Wahrheit ist.

Ja, ich ärgere mich, es nicht geschafft zu haben, mich klar abzugrenzen. Stattdessen ließ ich mich von meinem Weg abbringen. Und deshalb kam es auch zum Streit.

Du hast Dich selbst vom Weg abgebracht. Aber Dein Gegenüber hat auch eine Lernaufgabe erhalten, denn er darf jetzt erkennen, wo er nicht ehrlich zu sich selbst und deshalb auch nicht ehrlich zu Dir war.

Und doch ist alles nur Deine Schöpfung. Es spielt keine Rolle, was Dein Gegenüber tut oder zu tun unterlässt. Nur Deine Reaktion darauf ist entscheidend.

Also in Wahrheit habe ich mich selbst nicht respektiert und diesen Streit unbewusst eingeladen?

Ja, genau. Du bist Schöpfer Deiner Wahrnehmungen vom Denken, Fühlen und Handeln Deines Gegenübers. So wie Du in seiner Erfahrungswelt seine Schöpfung bist.

Das ist alles sehr verwirrend.

Wir wissen das. Doch es ist nur verwirrend für Deinen Verstand. Deine innere Weisheit hingegen weiß.

Jetzt ist die Schlange ruhig.

Ja, sie schläft wieder. Merkst Du nun, wie leicht es wird, sobald Du die richtige Frage stellst? Du hast genau diese Erfahrung erschaffen – und nur Du. Du benutzt Dein Gegenüber, um etwas auszudrücken oder zu sagen, was Du Dich bisher nicht getraut hast. Ihr beide wart zu hundert Prozent einverstanden und in Harmonie mit dem, was geschehen ist. Ihr hattet euch sozusagen unbewusst zu diesem Streit verabredet. Also übernimm dafür jetzt die Verantwortung. Sei still in Dir und atme, atme, atme!

VI

Wie gehe ich mit meinem Gegenüber um, wenn er im Schmerz gefangen ist?

Schmerz entsteht durch den Glauben an die Illusion, dass man selbst unschuldig und der andere schuldig sei. Dieser Mensch ist mit seinem Verstand identifiziert und hat daher einen Autoritätskonflikt mit dem Leben selbst.

Nehmen wir nur mal an, Du wärst jener Mensch und würdest nicht erkennen, dass der allumfassende Geist in jedem Augenblick – sei es durch Sonnenstrahlen, Vogelgezwitscher oder eine Begegnung – mit Dir spricht. Stattdessen fühlst Du Dich vom Leben getrennt und wartest wie ein kleines Kind auf Mutter und Vater, damit sie für Dich sorgen, Dich beruhigen oder Dich ablenken. Diese mentale Starre wird als Ohnmacht empfunden und kann vorübergehend überspielt werden, doch früher oder später führt sie zu Konflikten.

Aber wie kann man diese Starre auflösen?

Dein Verstand findet auf diese Frage keine Antwort, denn um den Konflikt zu lösen, muss die Ursache der Unbeweglichkeit erkannt und gefühlt werden. Geschieht dies nicht, bleibt die Situation für alle Beteiligten schwierig, denn es handelt sich hierbei um das unbewusste Verlangen nach Kontrolle und den geheimen Wunsch, Nähe zu entziehen.

Die entscheidende Frage, die Du Dir in Gegenwart eines Menschen in Konflikt stellen solltest, lautet daher:

Wovor fürchte ich mich so sehr, dass ich mein Gegenüber dazu benutze, meinen inneren Konflikt stellvertretend auszuagieren?

Sprich diese Worte bitte laut aus! Und frage Dich jetzt, was Du damit zu tun hast – schließlich bist Du Zeuge eines Menschen in Konflikt und womöglich selbst an ihm beteiligt. Und um Deinen ersten Gedanken den Wind aus den Segeln zu nehmen: Nein, es handelt sich hierbei nicht um Fremdeinflüsse, die Dich von etwas abhalten wollen. Er bestärkt nur ein weiteres Konzept, das Deine Verantwortung als Schöpfer verleugnet. Also noch einmal anders gefragt: Warum lässt Du Dein Gegenüber für Dich dieses Drama spielen?

Ich weiß es nicht.

Nun, dann sage bitte jetzt laut:

Ich bin die Veränderung meiner Erfahrungswelt und verantwortlich für meine Wahrnehmung.
Ich entscheide, mich jetzt in eine höhere Frequenz anzuheben.
Ich bin Liebe und schaue in Liebe auf den Konflikt.
Ich verbinde mich mit meiner inneren Weisheit und harmonisiere mich mit der eben gestellten Frage und Antwort, wie sie auch immer aussehen mag.

Und was kommt Dir?

Ich glaube, ich habe Angst, meine eigene Ohnmacht zu fühlen.

Und Du fürchtest den nächsten Schritt, denn der heißt immer: Vergeben, verbinden, vereinen!

Nein, davor habe ich keine Angst. Ich will es nur nicht.

Du willst etwas durchsetzen und fühlst Dich ohnmächtig, weil Du es nicht kannst.

Aber warum? Und was genau?

Die Antwort kennst Du bereits.

Mich nervt das grad richtig. Warum schaffe ich es nicht, auf mein Gegenüber zuzugehen?

Du willst Kontrolle über die Situation haben und weißt, mit dem nächsten Schritt würdest Du sie verlieren, denn der heißt Liebe! Und Liebe vergibt, verbindet und vereint – immer! Du schaffst es nicht, auf Dein Gegenüber liebevoll zuzugehen, weil Du dann etwas verlierst, womit Du Dich identifiziert hast. In diesem Fall ist es die erfundene Geschichte des unschuldigen Opfers.

Aber er verhält sich doch wie ein Unmensch!

Das mag sein, vielleicht in Deiner Wahrnehmung. Aber tut er das wirklich?

Hm.

Und wo verhältst Du Dich wie er?

Keine Ahnung.

Lass diese Frage in Dein Herz sinken und sei offen für die Antwort! Erzwinge nichts. Die Antwort zu empfangen ist nicht, sie zu wollen und einzufordern oder zu überlegen, wie sie lauten soll.

Wenn ich das tue, sterbe ich.

Welcher Teil in Dir fürchtet zu sterben? Lass uns hier gemeinsam hinschauen und das Gefühl der Angst untersuchen! Stell Dir vor, Du gehst jetzt auf

Dein Gegenüber zu und sagst: »Ich entschuldige mich für mein unbewusstes Verhalten, das unseren Streit begünstigt hat. Bitte lass uns gemeinsam eine Lösung finden!« Was genau macht das mit Dir? Wo sitzt die Weigerung?

Im Zentrum meiner Brust! Dort spüre ich Druck.

Was fürchtest Du zu verlieren, wenn Du es tätest?

Meinen Stolz, meine Glaubwürdigkeit ... den Respekt ... mein Recht!

Recht worauf? Von welchem Recht sprichst Du?

Recht auf Gerechtigkeit!

Und was ist Deiner Meinung nach in diesem Fall Gerechtigkeit?

Er hat mich verletzt und ich möchte, dass er sich dafür bei mir entschuldigt. Und ich will, dass er erkennt, wo er sich selbst und andere belügt.

Und Du meinst, er solle das wirklich tun? Warum? Damit es Dir besser geht?

Ja.

Geht es Dir denn damit wirklich besser?

Nein.

Warum nicht?

Weil unsere Freundschaft kaputtgegangen ist.

Und was noch?

Ich weiß es nicht.

Weil Du die Verantwortung über diese Situation abgegeben hast und Dein Gegenüber mit seinem Verhalten über Deinen Zustand entscheiden lässt. Du fühlst Dich ohnmächtig, weil Du nicht in Deiner Autorität bist. Und die findest Du nicht in der Frequenz des Konfliktes, sondern in einer höheren. Daher verbinde Dich jetzt erneut mit Deiner inneren Weisheit und schaue in Liebe auf Dein Gegenüber.

Sage laut:

Ich bin die Veränderung meiner Erfahrungswelt und verantwortlich für meine Wahrnehmung.
Ich entscheide, mich jetzt in eine höhere Frequenz anzuheben.
Ich bin Liebe und schaue in Liebe auf mein Gegenüber.

Was kommt Dir?

Ich sehe einen Mann, der nicht erkennt, dass er selbst die Liebe ist und sich dadurch verletzt fühlt. Und weil er sich so fühlt, verletzt er andere.

Gut, womöglich ist das die Wahrheit! Kannst Du es denn auch bezeugen?

Nein. Nicht wirklich.

Deine innere Weisheit weiß genau, wer da gerade aus Dir spricht. Was Du vermeintlich wahrnimmst, ist nur eine Deutung Deines Verstandes. Und er hat sich eingemischt, weil er die Antwort bestimmen will. Also stell bitte noch einmal die entscheidende Frage und verbinde Dich mit Deiner inneren Weisheit.

Wo verhalte ich mich wie er?
Ich verbinde mich mit meiner inneren Weisheit und harmonisiere mich mit der eben gestellten Frage und Antwort, wie sie auch immer aussehen mag.

Was kommt Dir?

Ich habe nur so gehandelt, weil es mir zu diesem Zeitpunkt nicht anders möglich war!

Genau. Sie spricht von Deiner Wahrheit als Schöpfer. Und Dein jetziges Wissen hattest Du zu diesem Zeitpunkt noch nicht. Also gehen wir zurück zu unserer Übung.

Sage noch einmal laut:

Ich bin die Veränderung meiner Erfahrungswelt und verantwortlich für meine Wahrnehmung.
Ich entscheide, mich jetzt in eine höhere Frequenz anzuheben.
Ich bin Liebe und schaue in Liebe auf die Situation.
Welche Angst liegt meiner Ohnmacht zugrunde?
Ich verbinde mich mit meiner inneren Weisheit und harmonisiere mich mit der eben gestellten Frage und Antwort, wie sie auch immer aussehen mag.

Was kommt Dir?

Ich habe Angst, die Zuneigung anderer zu verlieren, wenn ich meine ehrliche Meinung sage.

Jetzt schaust Du in einer höheren Frequenz, wo richtig und falsch nicht existieren, sondern nur ist, was wahr ist! Verbinde Dich nun mit der Liebe, indem Du laut sagst:

Ich bin Liebe und schaue in Liebe auf mich selbst.

Was passiert jetzt?

Ich liebe!

Schön. Bleibe dabei und fühle, fühle, fühle!

VII

Bin ich durch die Verbindung mit meiner inneren Weisheit wieder in meiner Autorität? Aber was soll ich tun, wenn mich mein Gegenüber verbal angreift und unfair wird?

Angriff ist stets ein Ausdruck von Angst. Doch auch hier gilt immer: Hinschauen und Dich fragen:

Warum habe ich einen Angriff auf mich erschaffen? Oder, wo hege ich selbst noch Angriffsgedanken?

Wir bemerken, Du hast noch große Schwierigkeiten, diese Fragen zu stellen. Und der Grund hierfür ist, dass sie für Dein bisheriges Denken ungewohnt sind.

Stimmt. Warum sollte ich mich selbst angreifen? Das macht ja gar keinen Sinn.

Auf der Ebene des Kampfes ist die Verbindung mit Deiner inneren Weisheit nicht möglich, denn weder im Zustand des Angriffs noch der Verteidigung kann die Wahrheit erkannt werden.

Doch um diese Tatsache zu verstehen, müssen wir Dich erneut in eine nächsthöhere Frequenz anheben. Beschäftigen wir uns daher jetzt mit Deiner Wohnsituation. Wir wissen, wie sehr sie Dich belastet. Fassen wir es kurz zusammen: Du hattest Streit mit Deinem besten Freund, der auch Dein Vermieter ist und siehst nun keinen anderen Weg als auszuziehen. Mit anderen Worten: Du hast einen Konflikt, weil Du glaubst, etwas tun zu müssen, was jedoch niemand von Dir verlangt.

Ja, weil ich mich hier nicht mehr sicher fühle. Aber warum ist das so?

Dein scheinbares Sicherheitsgefühl verbarg noch die unbewusste Absicht, Schmerz zu vermeiden. Und diese Tatsache wird nun durch Deinen Flucht-impuls deutlich. Daher erinnere Dich: Du bist Liebe und schaust in Liebe auf die Situation.

Die Frage lautet also:

Was ist mein nächster Schritt zum Wohle aller Beteiligten?

Und jetzt sprich laut:

Ich bin die Veränderung meiner Erfahrungswelt und verantwortlich für meine Wahrnehmung.
Ich entscheide, mich jetzt in eine höhere Frequenz anzuheben.
Ich bin Liebe und schaue in Liebe auf meine Wohnsituation.

Verbinde Dich nun mit Deiner inneren Weisheit, indem Du sagst:

Ich verbinde mich mit meiner inneren Weisheit und harmonisiere mich mit der eben gestellten Frage und Antwort, wie sie auch immer aussehen mag.

Die Antwort Deiner inneren Weisheit ist nicht immer einfach zu deuten, doch sie schafft Ordnung im gefühlten Chaos und wird sich demnach sanft anfühlen. Vielleicht spürst Du auch eine innere Abwehr, aber lass Dich nicht beirren. Wiege sie in Deinem Herzen hin und her, und zwar so, wie Du sie empfangen hast, und nicht, wie Du sie verstehen willst.

Merke Dir:

Alles geschieht aus Liebe, auch wenn es sich nicht danach anfühlt.

Und nun zurück zum Angriff. Angriff kann es nur geben, wenn Du Angriffsgedanken hegst. Vielleicht auch nur Dir selbst gegenüber, weil Du nicht in Deiner Wahrheit als Schöpfer, sondern mit einer erfundenen Geschichte identifiziert bist. Angriff bedeutet immer: »Ich fühle mich verletzbar!« Und solange Du an diese Illusion glaubst, erschaffst Du in einer Frequenz, die eine Lösung zum Wohle aller nicht möglich macht. In Deiner Wahrnehmung gibt es dann womöglich einen Gewinner und einen Verlierer, doch in Wahrheit verlieren alle, weil die Chance auf Wachstum und Frieden ungenutzt bleibt.

Jetzt kommen wir zum Thema Abhängigkeit. Du bist eigentlich nur wütend und in Angriffslaune, weil Du Dich ohnmächtig fühlst und befürchtest, jemand könne Dir schaden. Aber Schaden als solches gibt es nicht. Es gibt nur Deine Verweigerung, die Verantwortung als Schöpfer anzunehmen und damit Deine Autorität zu leugnen.

Ja, Du meinst vielleicht, Deine Wut sei in diesem Fall berechtigt, aber in Wahrheit bist Du wütend auf die Tatsache, Dich selbst in eine existenzielle Abhängigkeit begeben zu haben. Doch das hast Du nicht bewusst entschieden. Zu diesem Zeitpunkt wusstest Du es einfach nur noch nicht besser.

Ich habe seinen Worten vertraut!

Mag sein, doch auch hier hast Du entschieden, zu vertrauen, und nur Du allein bist verantwortlich für diese Entscheidung. Du hast auch entschieden, Dich wütend und ohnmächtig zu fühlen. Doch die Frage ist nicht, warum etwas passiert, sondern: Mit welcher Absicht habe ich diese Situation erschaffen? Oder anders gefragt: Welche Erfahrung will ich hierdurch machen?

Sich der Antwort zu öffnen, erhöht Deine Aufmerksamkeit. Und der Aufmerksamkeit folgt immer Energie. Dadurch wird schnell offensichtlich, dass jede Erfahrung nur eine Lernhilfe ist, um die Wahrheit über Dich als Schöpfer zu erkennen.

Daher bleibe im Vertrauen und nimm an, was ist – wie bedrohlich eine Situation auch aussehen mag. Selbst wenn Du glaubst, in Kürze Deine Wohnung zu verlieren. Und wenn es tatsächlich geschieht, dann nur, weil Du dazu bereits unbewusst oder bewusst Deine Erlaubnis gegeben hast.

Hm, das muss ich erstmal verdauen!

Dann verdaue!

Wir wissen, dass Du an unseren Aussagen gerade zweifelst, daher nimm einfach nur mal an, das wäre so, und alles geschieht immer aus Liebe! Welchen Sinn könnte denn jetzt ein Umzug haben? Was willst Du lernen? Und wenn der Streit auch Deine Schöpfung ist, weshalb dann wütend sein? Dein Gegenüber verhält sich doch nur so, wie Du es unbewusst von ihm erwartest.

Das ist mir jetzt zu viel. Ich brauche eine Pause.

Ja, das ist eine gute Idee. Lass unsere Worte erst einmal wirken! Geh in den Wald und laufe, laufe, laufe!

VIII

Ich fühle mich nicht gut. Eure Worte erzeugen in mir Übelkeit!

Ja, und das ist gut, denn so gelangst Du an den Ursprung Deines Konfliktes, der nur zeigt, dass Du einen inneren Kampf führst. Du bist verantwortlich für diese Erfahrung und Du hast sie gewollt, sonst wäre sie nicht da. Und was Du erschaffst, bestätigt nur Deinen inneren Zustand. Lenke daher jetzt die Aufmerksamkeit nach innen und erspüre das Zentrum der Übelkeit und wisse: Nichts kann Dich hierbei verletzen oder in irgendeiner Form bedrohen. Sie ist ja schon da, und vor allem ist sie ein Teil von Dir. Daher tauche tief in sie ein und nimm sie in ihrer Qualität bewusst wahr.

Aber ich will die Übelkeit nicht fühlen!

Ja, weil Du sie fürchtest. Und Du fürchtest, sie zu fühlen, weil Du dann erkennen würdest, dass sie Deine eigene Schöpfung und somit niemand außer Dir für sie verantwortlich ist. Und wird Dir diese Tatsache bewusst, verliert sie augenblicklich ihre Bedeutung und verschwindet. Überkommt Dich also Übelkeit, dann ist es einfach nur, wie es ist. Warum etwas anderes fühlen wollen? Will doch die Übelkeit gerade gefühlt und die unbewusste Absicht dahinter erkannt werden.

Sage jetzt:

Ich bin die Veränderung meiner Erfahrungswelt und verantwortlich für meine Wahrnehmung.
Ich entscheide, mich jetzt in eine höhere Frequenz anzuheben.
Ich bin Liebe und schaue in Liebe auf meine Übelkeit.

Die Übelkeit verstärkt sich. Kannst Du es fühlen?

Ja.

Und das ist weder gut noch schlecht, sei einfach nur da für Dich!

Wiederhole bitte:

Das ist weder gut noch schlecht, und ich bin da für mich!

Und jetzt gehen wir noch einen Schritt weiter. Frage Deine innere Weisheit, warum Du die Erfahrung von Übelkeit erschaffen hast. Welche unbewusste Absicht könntest Du mit diesem Ausdruck Deiner selbst verfolgen?

Wiederhole bitte noch einmal die Frage:

Welche unbewusste Absicht verfolge ich mit diesem Ausdruck meiner selbst?

...

Ich verbinde mich mit meiner inneren Weisheit und harmonisiere mich mit der eben gestellten Frage und Antwort, wie sie auch immer aussehen mag.

Was kommt Dir?

Ich will mich zurückziehen und niemanden mehr sehen!

Du willst also allein sein! Gibt es vielleicht noch eine andere Möglichkeit, dies zu erreichen?

Ja, ich könnte einfach irgendwo hinfahren. Aber das geht halt nicht. Schließlich habe ich ja Verpflichtungen – zum Beispiel meinem Sohn und auch unserem Hund gegenüber.

Ja, auch das ist wahr, wenn Du es für wahr hältst. Aber diese Antwort kommt nicht von Deiner inneren Weisheit, denn Du befindest Dich immer noch in einem Konflikt. Du weißt nämlich nicht, ob Du wegfahren oder wegen diverser Verpflichtungen zuhause bleiben sollst. Also, was ist die eigentliche Absicht dahinter? Welche Erfahrung hast Du entschieden zu machen?

Enttäuscht zu sein?

Ja, auch das. Aber vor allem hast Du Dich auf unbewusster Ebene für die Ereignisse in Deiner Erfahrungswelt entschieden, damit Du Dich entwickeln kannst. Hast Du eine Idee, wie Entwicklung in diesem Fall aussehen könnte?

Nein.

Du bist aufgefordert, den nächsten Schritt zu tun. Und der heißt immer: Vergeben, verbinden und vereinen!
Die Übelkeit ist nur Ausdruck dafür, dass Du nicht in Deiner Autorität bist und die Verantwortung für Deine Schöpfungen an andere abgegeben hast.

Jetzt spüre ich wieder Wut.

Ja, Du bist wütend auf Dich selbst, weil Du Konflikt statt Frieden erschaffen hast. Und jetzt kommt wieder die Schlange. Kannst Du sie fühlen?

Ja.

Dann sage jetzt:

Ich bin die Veränderung meiner Erfahrungswelt und verantwortlich für meine Wahrnehmung.
Ich entscheide, mich jetzt in eine höhere Frequenz anzuheben.

Ich bin Liebe und schaue in Liebe auf meine Weigerung, den nächsten Schritt zu gehen.

Frage jetzt:

Wie könnte dieser Schritt aussehen?

Verbinde Dich nun mit Deiner inneren Weisheit, indem Du sagst:

Ich verbinde mich mit meiner inneren Weisheit und harmonisiere mich mit der eben gestellten Frage und Antwort, wie sie auch immer aussehen mag.

Nimm jetzt einfach nur wahr und empfange. Was kommt Dir?

Ich muss weinen.

Gut. Dann sage:

Ich bin Liebe und schaue in Liebe auf meine Tränen!

...

Ich will in mir zusammensacken.

Gut. Dann sage:

Ich bin Liebe und schaue in Liebe auf mein Zusammensacken!

...

Jetzt kommt nichts mehr. Ich könnte jetzt ewig hier sitzen und aus dem Fenster schauen.

Was siehst Du?

Frieden.

Gut. Jetzt sage:

Ich bin Liebe und schaue in Liebe auf den Frieden, den ich gerade spüre.

Erinnere Dich kurz an Deine Frage! Bleibe hierbei offen und bereit zu empfangen. Beobachte! Was nimmst Du wahr?

Ich sehe viele Blätter, die am Baum hängen und leicht im Wind tanzen. Sonnenglanz, in dem sie schimmern; Vogelgezwitscher; ein Seufzer meines Hundes; leere Blumenkästen und eine halbvolle Wasserflasche. Mich fröstelt es. Ich sehe eine runde Kunstvase, auf der die sieben Geißlein, die sich in ihrem Haus verstecken, abgebildet sind; einen staubigen Fußboden; eine geöffnete Balkontür... und jetzt sehe ich das eingerahmte Foto von meinem Sohn und mir. Wir sitzen vor einer künstlichen Dschungelkulisse, und auf unseren Schultern liegt eine Riesenschlange. Das ist doch jetzt kein Zufall, oder?

Nein. Du bist Schöpfer Deiner Erfahrungswelt, und Du siehst nur, was Du im Geiste bist. Hebe also jetzt Deine Wahrnehmungen in Bezug zur Frage in eine höhere Frequenz und interpretiere, was Du siehst!

Sage laut:

Ich bin die Veränderung meiner Erfahrungswelt und verantwortlich für meine Wahrnehmung.
Ich entscheide, mich jetzt in eine höhere Frequenz anzuheben.
Ich bin Liebe und schaue in Liebe auf die Situation.
Was könnte der nächste Schritt sein?
Ich verbinde mich mit meiner inneren Weisheit und harmonisiere mich mit der eben gestellten Frage und Antwort, wie sie auch immer aussehen mag.

...

Das ist mir echt zu schwer! Mir fällt nichts ein.

Bleibe geduldig, schaue mit Liebe um Dich und warte auf die Antwort.

Was kommt Dir?

Die sieben Geißlein sitzen im Haus und gehen nicht hinaus, weil sie Angst vor dem bösen Wolf haben. Aber der Wolf (mein Hund) liegt zufrieden und schläfrig auf der Couch. Er interessiert sich gar nicht für sie. Draußen scheint die Sonne und die Vögel zwitschern. Das Leben ruft. Sie könnten jetzt einfach hinausgehen, Blätter und Gras fressen und ihr Fell vom Wind streicheln lassen. Weit und breit ist keine Gefahr!

Gut. Und jetzt übertrage das auf Deine Situation! Verbinde Dich mit Deiner inneren Weisheit und frage:

Wenn ich all das bin, was ich wahrnehme, was will mir das Leben in Bezug auf meine Frage gerade sagen?

...

Hm, keine Ahnung.

Die Gefahr, die Du siehst, ist in Wahrheit ein harmloses Wesen, das nur kuscheln und geliebt werden will. Also öffne Dein Herz und geh mit Vertrauen voran!

Und wenn ich das aber grad nicht tun mag?

Dann mach es wie der Hund! Leg Dich hin und ruh' Dich aus!

IX

Guten Morgen! Wie geht es Dir heute?

Besser. Ich habe eine wichtige Erkenntnis gewonnen.

Und welche ist das?

Ich habe erkannt, dass ich den Streit mit meinem Gegenüber erschaffen habe, um mich abzugrenzen und dieses Buch schreiben zu können.

Herzlichen Glückwunsch! Nun hast Du Deine Verantwortung für die Situation übernommen und bist wieder in Deiner Autorität. Und jetzt erkennst Du auch, dass ein Drama hierfür nicht der eleganteste Weg ist. Aber Du hast so gehandelt, weil Du es noch nicht besser wusstest. In seiner Autorität zu sein, bedeutet, liebevoll bestimmend den eigenen Raum einzunehmen. Und mit dieser Erkenntnis hast Du die erste Hürde geschafft. Von nun an wird es leichter. Und der nächste Schritt ist möglich. Erinnerst Du Dich, welcher das war?

Ja. Vergeben, verbinden, vereinen!

Sehr gut. Und wie nimmst Du jetzt Dein Gegenüber wahr?

Ich glaube, er fühlt sich verletzt und weiß nicht, wie er sich verhalten soll ... So wie ich auch.

Du lernst schnell. Doch es gibt noch einen entscheidenden Aspekt, den Du verstehen musst, wenn Du Frieden schaffen willst. Dort, wo Frieden – mit anderen Worten »die Liebe« – gesehen wird, können Leid, Wut und Ohnmacht nicht sein, denn sie existieren nur durch Wahrnehmung in einer niederen Frequenz.

Fühlst Du Dich verletzt, sei Dir bewusst, dass Deine Wahrnehmung nur einen Ursprung hat – und zwar Angst! Angst liegt Deinem Unbehagen zugrunde. Und sie entsteht durch den fälschlichen Glauben, dass Du ein Körper bist.

Deine Identifikation mit dem Körper lässt Dich befürchten, ihn durch Angriff, Unfall oder Krankheit jederzeit verlieren und somit sterben zu können. Und bestärkt wird dieser Glaube durch die Schmerzen, die Du wahrnimmst, denn sie bezeugen, was Du glaubst. Doch Du bist nicht Dein Körper, auch wenn es sich so anfühlt, sondern reiner Geist. Ohne ihn könntest Du die sinnlichen Erfahrungen wie Sehen, Riechen, Schmecken, Hören und Fühlen nicht machen. Er ist das Gefährt für Deine Entwicklung in der Erfahrungswelt, die Du gerade wahrnimmst. Er funktioniert sogar ohne Deine bewusste Steuerung. Aber ohne Deine unbewussten Entscheidungen würde er nicht existieren. So bist Du stets unbewusst bewusst und bewusst unbewusst.

Die verborgene Angst, ohne Körper zu sein, ist daher der Ursprung all Deiner Konflikte – und zwar so lange, wie Du Dich mit ihm gleichsetzt und noch nicht erkennst, dass nur der Geist erschaffen kann. Und da Dir dieser Irrtum nicht vollends bewusst ist – denn wäre er es, würdest Du nur Frieden sehen –, nimmst Du Deine Erfahrungswelt als gefährlich wahr und glaubst, Dich vor scheinbar äußeren Einflüssen, die Dein falsches Selbstbild bedrohen, schützen zu müssen.

Sobald Du jedoch erkennst, dass Du reiner Geist und damit nur eine bestimmte Frequenz mit einem bestimmten physischen Ausdruck bist, wird Angst bedeutungslos. Und ohne Bedeutung hat sie keine Wirkung. Denn ihr Feindbild bist ja immer nur Du – Du als Schöpfer Deiner Erfahrungswelt.

Aber lass uns die Aussage der letzten Zeilen an einem aktuellen Beispiel deutlich machen.

Über viele Wochen bist Du täglich joggen gegangen. Bis sich eines Morgens plötzlich Dein Knie gemeldet hat und Du seitdem die Treppe nicht mehr schmerzfrei hoch- und runterkommst.

Ja, weil ich es mit dem Sport übertrieben habe.

Du meinst, weil Du lieber weglaufen und nicht hinsehen willst. Stattdessen benutzt Du unbewusst Deine Hündin Amy, die sich scheinbar zufällig an der Vorderpfote verletzt, und kostenreiche Tierarztbesuche, um Dich laut über die unpassende Verlangsamung aufzuregen. Kurz gesagt: Du glaubst, einen wirklichen Grund zu haben, Dich über das Leben zu beschweren. Schließlich konntest Du ja nichts dafür!
Und ob! Heute weißt Du, dass Deine unbewusste Weigerung, den nächsten Schritt zu gehen, Dich und Amy humpeln lässt. Und diese Tatsache bestätigt nur, dass Du Dich mit dem Körper identifizierst und Deine Verantwortung als Schöpfer leugnest. Und zwar nicht nur für Dein äußeres Vorangehen, sondern für die bewusste Entscheidung, Dich in eine höhere Frequenz anzuheben und freizugeben, was Du unbewusst noch festhältst.

Merke Dir:

Das Leid übt so lange seine Anziehungskraft auf Dich aus, bis Du eine bewusste Entscheidung triffst.

Sage also laut:

Ich bin die Veränderung meiner Erfahrungswelt und verantwortlich für meine Wahrnehmung.
Ich entscheide, mich jetzt in eine höhere Frequenz anzuheben.
Ich bin Liebe und schaue in Liebe auf meine Weigerung, den nächsten Schritt zu gehen.

Wie geht es Dir jetzt damit?

Ich fühle gerade Leichtigkeit und die Entsprechung mit dem hier Geschriebenen. Es scheint, als sei ich die Worte selbst.

Jetzt spüre bewusst Dein Knie und sage:

Ich verbinde mich mit meiner inneren Weisheit und harmonisiere mich mit meinem Knie, wie das auch immer aussehen mag.
Und weil ich entschieden habe, ist es geschehen!

Diese Worte sind sehr kraftvoll. Und es ist nicht Dein Glaube an ihre Wirkung, sondern Dein Wissen über die Kraft Deiner Entscheidung!

Sobald Du Dir Deiner Verantwortung für Deine Schöpfungen bewusst wirst, weißt Du, wer Du bist – nämlich eine Frequenz, in der Du erschaffst, was Du bist! Und dann weißt Du nicht nur, sondern bist Dir gewahr, dass auch Dein physisches Kleid nur ein Ausdruck dieser Frequenz ist. Verharrst Du jedoch weiter in der Frequenz von Angst, wird das Wahrgenommene bedrohlich erscheinen. Und das lässt Deinen Körper unbewusst erstarren. Wiederhole daher bitte noch einmal die entscheidenden Worte der letzten Zeilen!

Und weil ich entschieden habe, ist es geschehen!

Und nun sei Dir Deiner neuen Frequenz gewahr, wahr, wahr!

Denn …

Es ist nicht Dein Glaube an die Wirkung, sondern Dein Wissen über die Kraft Deiner Entscheidung!

X

Wenn ich der Schöpfer meiner Erfahrungswelt bin, gibt es dann überhaupt dunkle oder böse Mächte? Oder ist das ein Hirngespinst?

Es gibt weder dunkle noch helle Mächte, sondern nur verschiedene Frequenzen. Wenn Du von dunklen Mächten hörst, dann nur, weil Du entschieden hast, von ihnen zu hören. Und sobald Du Deine Aufmerksamkeit darauf lenkst, werden sie wirklich. Wirklich, weil Du Dich mit der Entscheidung, sie einzuladen, auf ihre Frequenz begibst. Doch sie sind nicht dunkel oder böse, sondern einfach nur, was sie in ihrer Frequenz sind. Und schaust Du mit Liebe, kannst Du sie nicht wahrnehmen.

Merke Dir:

Liebe schaut auf alles in Liebe und sie erfährt auch nur Liebe, weil sie die Frequenz der Liebe ist.

Aber hier muss ich kurz eine Frage stellen. Warum erleben gutmütige Menschen dann so furchtbare Dinge wie Vergewaltigung, Ausbeutung und Verrat?

Sie haben sich diese Erfahrung mit einer unbewussten Absicht erschaffen. Und das Umfeld hat nur beantwortet, wozu sie sich entschieden haben.

Aber warum sollte man sich so ein Unheil selbst erschaffen? Das ist wirklich Blödsinn.

Nun, auf der Erfahrungsebene, in der sie sich befinden, ist das Leid ihre Wirklichkeit. In einer höheren Frequenz jedoch gibt es diese Erfahrung nicht.

Wisse: Alles, was Du denkst, fühlst und tust, ist Ausdruck in einer bestimmten Frequenz, dessen Schöpfer Du bist. Und bist Du nicht einverstanden mit dem, was Dir widerfährt, befindest Du Dich im Konflikt mit Dir selbst, denn unbewusst hast Du dazu längst Dein Einverständnis gegeben.

Doch sobald Du die Verantwortung für all Deine Schöpfungen übernimmst, ändert sich Deine Erfahrungswelt. Dort, wo jetzt Konflikt ist, wird Frieden sein, und wo jetzt noch Dunkelheit herrscht, erscheint Licht, denn wo Licht ist, kann Dunkelheit nicht sein.
Aber hier ist nicht Dein Glaube gefragt, sondern Deine Bereitschaft, Dich neuen Erfahrungen zu öffnen und sie durch Deine bewusste Entscheidung einzuladen.

Sage daher jetzt laut:

Ich entscheide, mich jetzt in eine höhere Frequenz anzuheben.
Und weil ich entschieden habe, ist es geschehen.

Wo Du Dunkelheit und Angriff siehst, greifst Du Dich selbst an. Und die Auswirkung Deines inneren Kampfes ist die Wahrnehmung von Verzweiflung, Trost- und Sinnlosigkeit. Erinnerst Du Dich? Wir haben zu Beginn von Projektionen gesprochen.

Und was ist mit den sogenannten »Hellen«?

Ob hell oder dunkel, beides ist ein Konzept der Wahrheit, das bestimmten Absichten dient und auf der jeweiligen Frequenz seine Erfahrung und Bedeutung findet. Es gibt nichts, was es nicht gibt. Aber entscheidend ist, was und wie Du bist! Denn das erschaffst Du!
Alles geschieht aufgrund Deiner Entscheidung – ob bewusst oder unbewusst –, und deshalb ist es immer Liebe. Und so wie Du Deine Erfahrungswelt wahrnimmst, reagierst Du auf sie. Wenn Du Deine Verantwortung an

andere abgibst, wirst Du Dich als Opfer fühlen. Aber nimmst Du sie an, erkennst Du in Allem und Jedem die Liebe.

Wir sprechen hier über Deine Macht als Schöpfer, die mit Worten nicht zu formulieren ist, und doch ist jedes Wort der Träger dieser Wahrheit und ihrer Frequenz. Deshalb werde Dir auch Deiner unbewussten Entscheidungen bewusst, denn Deine Erfahrungswelt bestätigt sie immer sofort. Und Du bist Liebe, was auch immer Du entscheidest zu sein.

Just in diesem Moment erhalte ich eine Facebook-Nachricht von einem Mann. Er hat den »Filmemacher« gelesen und fragt, ob eine Mutter, die ihre Kinder an Mangelernährung verloren hat, nur eine schlechte Filmemacherin sei?

Diese Frage wird in einer Frequenz gestellt, in der Opfer, Mangel und Ungerechtigkeit wahrgenommen werden. Und ja, die Mutter hat ihre Kinder durch Hungersnot verloren. In ihrer Erfahrungswelt ist das geschehen, weil sie sich unbewusst dafür entschieden hat. Aber entscheidend ist, wie sie mit dem Tod ihrer Nachkommen umgeht.

Doch schauen wir zum Fragenden. Erinnere Dich: Er sieht nur, was er im Geiste ist! Und damit hat er es bezeugen können, denn seine Identifikation mit dem Körper lässt nur leidende und sterbende Körper wahrnehmen.

Jedenfalls ist diese Frau in seinem Bewusstsein. Das bedeutet, er trägt die Verantwortung für ihr Vorhandensein, und er entscheidet, ob er sie weiterhin im Mangel hält oder nicht.

Doch gehen wir jetzt einen Schritt weiter. Er sieht also nur, was er selbst ist. Was ist mit seiner eigenen Mutter oder seinen Kindern? Inwieweit hungern sie oder gar er selbst? Vielleicht hungern sie ja nicht auf physischer Ebene, sondern auf der geistig-seelischen?

Weil er die Verantwortung als Schöpfer noch nicht übernommen hat, fühlt er weder das eigene Mangelgefühl, noch erkennt er dessen Projektion auf diese Frau. Und damit schwächt er nicht nur sich selbst, sondern alles und jeden in seiner Erfahrungswelt.

Würde er hingegen entscheiden, mit Liebe auf die Situation zu schauen, höbe er sich, diese Frau und alle anderen Erscheinungen automatisch in eine höhere Frequenz – wohl merkend, dass eine Frequenz keine Grenzen hat.

Und das machen wir jetzt stellvertretend für ihn und sagen:

Ich bin die Veränderung meiner Erfahrungswelt und verantwortlich für meine Wahrnehmung.
Ich entscheide, mich jetzt in eine höhere Frequenz anzuheben.
Ich bin Liebe und schaue in Liebe auf meinen Mangel.
Ich verbinde mich mit meiner inneren Weisheit und harmonisiere mich mit Hunger und Tod, wie auch immer das aussehen mag.
Und weil ich entschieden habe, ist es geschehen!

Diese Sätze gemeinsam zu formulieren, hat viel Kraft und ändert alles. Ist Dir ihre Wirkung bewusst?

Ich muss das jetzt erstmal verdauen. Ist eine heftige Kost!

Ja, wenn Du unsere Worte in einer niederen Frequenz deutest, sind sie schwer verdaulich. Doch es obliegt Dir, wie Du sie verarbeitest. Deine Wahrnehmung ist nur der Zeuge.

Daher lass sie einfach wirken, wirken, wirken!

XI

Was passiert eigentlich mit den Menschen in meinem Umfeld, wenn ich meine Frequenz anhebe? Gehen sie dann einfach?

Du bist ja heute schon wieder da. Findest wohl keine Ruhe? Wir freuen uns und beantworten gern Deine Frage.

So wie jeder Mensch triffst auch Du Entscheidungen immer mit einer unbewussten und bewussten Absicht, die erfundene und wirkliche Bedürfnisse stillen soll. Erfundene Bedürfnisse sind das, was Du glaubst zu brauchen, weil Du Mangel fühlst. Wirkliche Bedürfnisse hingegen sind immer gestillt – und zwar ohne, dass Du es willst.

Merke Dir:

Sobald Du etwas unbedingt haben oder behalten willst, erschaffst Du aus einer Bedürftigkeit heraus, die die Angst vor Verlust verstärkt. Und dadurch hast Du Dir unbewusst das Gewünschte bereits entsagt und Deine Erfahrungswelt bleibt, wie sie ist.

So verhält es sich auch mit den Menschen, die Du liebst und nicht verlieren möchtest. Sie stillen bewusst oder unbewusst ein Bedürfnis – so wie Du. Und das ist, wie es ist. Entscheidest Du Dich aber für eine Veränderung, indem Du Dich in eine höhere Frequenz anhebst, verändert sich auch Deine Erfahrungswelt, und jeder in Deinem Umfeld wird bewusst oder unbewusst spüren, dass plötzlich etwas anders ist. Die Reaktionen darauf können vielseitig sein und sind nicht immer angenehm, denn wo Bedürftigkeit ist, bestimmen Mangel und Angst das Verhalten.

Im letzteren Fall ist es wichtig, dass Du Dich in der höheren Frequenz hältst und von niemandem verunsichern lässt, denn durch Verunsicherung begibst Du Dich wieder in eine niedere Frequenz, die Deine Energie verdichtet. Schaust Du hingegen in Liebe auf die Auswirkungen der Veränderung, wird alles spürbar entspannter.

Es kann jedoch passieren, dass eine kurze oder vorübergehende Irritation bei der Verständigung untereinander entsteht, die leicht zu Missverständnissen führt. Aber bleibst Du in Deiner neuen Frequenz, verändert sich Deine Erfahrungswelt in der Art, dass Du unbemerkt über die problematisch empfundenen Umstände hinweggehen und Dich mit neuen Lösungsmöglichkeiten verbinden kannst. Gehst Du jedoch wieder in die Frequenz von Mangel und Angst, erscheint dasselbe von Neuem in Deiner Erfahrungswelt.

In diesem Fall sage dann einfach laut:

Das ist weder gut noch schlecht, und ich bin da für mich!

Du lernst jeden Tag und nur darum geht es. Entscheidung ist gleich Wirkung! Und Leben heißt Veränderung. Wenn Du in oder durch irgendetwas Sicherheit suchst, suchst Du vergebens. Nur wer sich mit der Veränderung harmonisiert, führt ein ruhiges und erfülltes Leben. Was nicht bedeutet, dass es keine Herausforderungen mehr gibt, im Gegenteil. Jede Veränderung ist eine Herausforderung. Und mit jeder Entscheidung – bewusst wie unbewusst – veränderst Du Deine Frequenz. Die Wahrnehmung Deiner Erfahrungswelt ist hierbei nur der Zeuge ihrer Auswirkungen.

Doch kommen wir nun auf Deine Frage zurück. Die Antwort lautet: Ja! Sobald Du Dich in eine höhere Frequenz begibst, verabschieden sich auch jene Menschen, die sich nicht mit ihr harmonisieren können. Hierfür braucht es nämlich eine bewusste Entscheidung. Lass daher gehen, was sich lösen will, und überlasse Deinem Gegenüber seine Verantwortung. Und was auch immer er oder sie sagt oder tut, sei Dir der Ursache einfach nur bewusst. Dadurch, dass Du die Verantwortung für all Deine Schöpfungen übernimmst, gibst Du Deinem Gegenüber die Erlaubnis, es Dir gleichzutun. Doch es obliegt ihm, ob er es tut oder nicht.

In dem Moment, wo Deine Projektionen als das erkannt wurden, was sie in Wahrheit sind – und zwar eine Weigerung, Verantwortung zu übernehmen –, trittst Du aus dem Schatten ins Licht und gehst in Deiner Autorität den nächsten Schritt. Deine Erfahrungen sind hierbei stets Deine Zeugen und sie werten nicht. Sie sind, was sie sind. Und Du kannst sie jederzeit korrigieren.

Sage jetzt laut:

Ich bin die Veränderung meiner Erfahrungswelt und verantwortlich für meine Wahrnehmung.
Ich entscheide, mich jetzt in eine höhere Frequenz anzuheben.
Ich bin Liebe und schaue in Liebe auf meine Veränderung.
Ich verbinde mich mit meiner inneren Weisheit und harmonisiere mich mit allem, was jetzt gehen will, wie auch immer das aussehen mag.
Und weil ich entschieden habe, ist es geschehen!

Sehr schön. Hier noch ein wichtiger Hinweis:

Worte haben Macht, daher gib immer auf sie acht!

Aber was ist mit meiner Familie? Die kann doch nicht einfach so aus meinem Leben verschwinden?

Jetzt sind wir an einem wichtigen Punkt angelangt. Die Familie, in die Du hineingeboren wurdest, ist Deine bekannte Erfahrungswelt. Mit anderen Worten, sie ist »ein Ahnenkorsett« und schnürt Dich so lange ein, bis Du es ablegst. Doch beginnen wir ganz von vorn. Du denkst, fühlst und handelst in einem Frequenzspektrum, das Deiner bisherigen geistigen Entwicklung entspricht. Nennen wir es einfach Dein sendendes und empfangendes Informationsfeld, in dem alle Deine Erfahrungen aus dieser oder anderen Inkarnationen gespeichert sind und das stets mit Gleichem auf Resonanz geht.

Dieses Informationsfeld, das ja Schöpfer und Schöpfung ohne persönliche Identifikation zugleich ist, erschuf nicht nur Deinen Körper, sondern auch Deine Eltern, die vor Deiner Geburt auf der Welt waren. Du hast sie bewusst unbewusst und aus jetziger Sicht unbewusst bewusst ausgesucht, weil ihre Vereinigung Deinem geistigen Erbe eins zu eins entsprachen.

Eure gemeinsame Entscheidung, Dich zu zeugen und Dir damit einen physischen Körper zu erschaffen, brachte Dich als perfekte Synthese ihrer verschiedenen Lernaufgaben hervor. Das bedeutet, Du bist mehr als nur Träger ihres Erbguts an Gefühlen, Taten und Erfahrungen, sondern Du bist der Inhalt selbst. Um genau zu sein: Du bist Deine Eltern, Deine Großeltern und unzählige Generationen davor mit der Absicht, Dich stets weiterzuentwickeln und als Schöpfer Deiner vielen Schöpfungen zu erkennen. Auch jene, die Du ablehnst und nach außen projizierst.

Um nun das Korsett des ausgesuchten und übertragenen Erbguts zu lösen und seinen wahren Wesenskern freizulegen, sind jedoch nur die nahestehenden Menschen von Bedeutung, die Du als Deine Eltern, Groß- oder Urgroßeltern kennst. Und hierbei spielt alles, was Du je über sie erfahren hast, eine wichtige Rolle. Aber auch das, was Dir aufgrund von Adoption und Identitätsverlust in Bezug auf Deine Ahnen verborgen blieb. In beiden Fällen wird das Entwicklungsrelevante im persönlichen und beruflichen Umfeld zum Ausdruck kommen.

Handelt es sich hierbei um unerklärliche Blockaden, Ereignisse, Unfälle oder Verhaltens- und Gefühlsmuster, musst Du nur Deinen unbewussten Inhalt hinter dem äußeren Erscheinungsbild erfragen und lesen lernen und dann bewusst entscheiden, Dich mit ihnen in einer höheren Frequenz zu harmonisieren.

Wisse: Die weitverbreitete Meinung, dass Du von der Erziehung, Schule und Religion geprägt wurdest, ist ein Irrtum. In Wahrheit hast Du die Veranlagung Deines Denkens, Fühlens und Handelns schon in dieses Leben mitgebracht und durch Deine bewussten wie unbewussten Reaktionen auf Deine eigenen Schöpfungen nur weiterentwickelt.

Und jetzt wird Dir bestimmt auch bewusst, wie wichtig die Verinnerlichung der folgenden Worte ist.

Sage hierfür jetzt:

Ich bin die Veränderung meiner Erfahrungswelt und verantwortlich für meine Wahrnehmung.
Ich entscheide, mich jetzt in eine höhere Frequenz anzuheben.
Ich bin Liebe und schaue in Liebe auf meine Herkunft.
Ich verbinde mich mit meiner inneren Weisheit und harmonisiere mich mit meiner Herkunftsfamilie und meinen Ahnen, wie das auch immer aussehen mag.
Und weil ich entschieden habe, ist es geschehen!

Es ist notwendig, diese Worte in ihrer tiefen und weitreichenden Bedeutung wirklich zu verstehen und dabei laut auszusprechen, weil jeder erst Frieden in sich selbst schaffen muss, um friedvoll zu sein. Frieden ist Harmonie und sie beginnt in Deinen Wurzeln. Denn harmonisierst Du Dich nicht mit den ungelösten Themen aus der Herkunftsfamilie, erschaffst Du sie immer und immer wieder. Also warum nicht gleich an der richtigen Stelle anfangen und das Unkraut dort entfernen, wo es wächst? Dann brauchst Du auch keine Stellvertreter mehr zur Auflösung alter Konflikte.

Merke Dir:

Jeder Konflikt hat seinen Ursprung in der Herkunftsfamilie – also damit in Dir!

Es ist jetzt für Dich entscheidend, genau dorthin zu schauen – wie schmerzlich dies in einigen Fällen auch sein mag!

Doch begeben wir uns zur weiterführenden Erklärung noch einmal zurück zu Deiner Geburt. Nennen wir Dich ab jetzt einfach »Inhalt« und Deinen Körper »Gefäß«.

Wie bereits gesagt, Du bist reiner Geist – also Bewusstsein – und bestehst aus Informationen, die sich als Themenfeld oder »Idee von Dir« ausdrücken und in einer bestimmten Frequenz schwingen. Und mit der bewusst unbewussten Absicht, sich auf physischer Ebene zu erfahren, wurdest Du geboren.

Du wurdest geboren als universelles Wesen mit einem bestimmten Geschlecht, das bis zum Ende dieser Inkarnation entweder an das kollektiv-männliche oder -weibliche Bewusstseinsfeld gebunden ist. Bereits hier hast Du unbewusst bewusst über viele Deiner späteren Erfahrungen entschieden. Diesmal fiel die Wahl auf eine weibliche Existenz und ob Du Mutter wirst oder kinderlos bleibst.

Aber welche Entscheidungen Du auch immer triffst, Du bleibst in Deinem Körper als Frau. Selbst wenn Du Dich bewusst operieren lässt und die äußere Geschlechtserscheinung wechselst, bleibt der »Inhalt« dennoch weiblich. Es gibt keinen Irrtum, denn Du bist geworden, was Du vor Deiner Geburt entschieden hast zu sein.

Nun bist Du also da – als kleines Mädchen oder Junge – und Teil eines kleinen Kollektivs, genannt Familie. Und zu dieser Familie könnten anfangs Mutter, Vater, weitere Geschwister, Großeltern, Urgroßeltern, Tanten, Onkels, Cousins, Cousinen und viele mehr gehören. Wir sagen bewusst »könnten«, weil dies nicht immer der Fall ist.

Manch Kind wird zwar von der Mutter geboren, wächst aber ohne Eltern, Geschwister oder Großeltern auf. Da gibt es unzählige Möglichkeiten. Aber wie auch immer diese Herkunftsfamilie sich darstellen mag, Du hast sie genauso erschaffen. Da gibt es nicht die Auswahl zwischen diesem Vater und jenem oder zwischen der fürsorglichen Mutter und der vernachlässigenden. Wer auch immer zur Familie gehört, war auch einst nur der »Inhalt« in einem »Gefäß« mit der Absicht, bestimmte Erfahrungen zu machen und sich weiterzuentwickeln. Und die Voraussetzung hierfür ist Dein Erbe. Der komplexe Erfahrungsschatz des kleinen und großen Kollektivs befindet sich immer in Deinem Informationsfeld. Und dieser ist nicht mit dem Verstand, sondern nur mit der Fähigkeit, sich dem Unbewussten zu öffnen, abrufbar. Und das ist weder gut noch schlecht, sondern einfach wie es ist.

Dann ist Dir jetzt sicherlich auch bewusst, wie entscheidend es ist, dass Du in manchen Bereichen noch im Dunkeln tappst und nicht erkennen kannst, dass jede Erscheinung und jeder Umstand in Deiner Erfahrungswelt – also vor allem Deine Eltern – von Dir erschaffen wurden.

Deine Eltern sind der Ausdruck Deines Geistes, und solange Du Dich noch nicht mit ihnen in höherer Frequenz harmonisiert hast, bist Du in der Spaltung. So bemerkst Du recht früh, ob und wie Dich das Leben durch Deine Eltern oder ihre Stellvertreter beantwortet. Wenn Du weinst, erfährst Du Zuwendung oder bekommst Nahrung. Wenn Du lachst, dann wirst Du angesehen und gestreichelt. Kurz gesagt: Du lernst schnell, was Du tun und wie Du sein musst, um dazuzugehören. Und dazugehören heißt überleben. Aus dem kleinen Menschlein wird also binnen weniger Jahre ein großer Mensch, doch die erlernte Überlebensstrategie bleibt immer dieselbe. Du machst einfach weiterhin das, was Du bereits kennst und seit der Kindheit getan hast – natürlich unbewusst, weil Du irrtümlicherweise glaubst, dass es ein Außen gibt, welches all Deine Bedürfnisse befriedigt. Und dabei ist Dir nicht bewusst, dass Du aufgrund der einst getroffenen Entscheidung als »Inhalt« und Schöpfer selbst ihre Beantwortung bist.

Deine wichtigsten Bedürfnisse sind wie die eines jeden anderen Geschöpfes, und sie lauten: Gesehen, gehört, berührt und wertgeschätzt werden! Aber in Deiner Wahrnehmung ist dies nur unzureichend geschehen und Du musstest nach Mitteln und Wegen suchen, um den irrtümlich empfundenen Schmerz aus Mangel irgendwie zu umgehen. Denn Du hast bis heute nicht erkannt, dass genau dieser Mangel nicht wirklich Dein »Inhalt« ist und Du nur erschaffen hast, was Du selbst nicht gibst.

Die kindliche Bedürftigkeit verbirgt diese Tatsache noch, aber als Erwachsener musst Du für Dich selbst und womöglich auch für Deine eigenen Kinder sorgen. Spätestens dann wird Dein »Inhalt« als Ursache all Deiner Schöpfungen deutlich. Und solange Du im Schmerzvermeidungsprogramm lebst, triffst Du Entscheidungen aus diesem heraus. Kurz gesagt: Du erschaffst noch mehr Mangel. Ja, Du schenkst anderen Deine Liebe, Zeit und Aufmerksamkeit, doch am Ende bleiben Deine Bemühungen erfolglos. Und Du fragst Dich, warum Du nie genug Geld oder wahre Liebe empfängst. Hinzu kommen die verschiedensten Wehwehchen und der eine oder andere Schicksalsschlag.

Wir sagen Dir warum. Weil Du unbewusst immer wieder Deine Herkunftsfamilie – also Dich selbst – erschaffst. Und solange Du das tust, kann sich Deine Erfahrungswelt nicht ändern. Um diesen Kreislauf ein für alle Mal zu durchbrechen, musst Du Dir Deiner eigenen Schöpferkraft bewusst werden und Dich in einer höheren Frequenz mit neuen Möglichkeiten verbinden. Erkenne, dass Du alles, was Du vermisst, von anderen erwartest und dass wonach Du Dich sehnst, nur in Dir zu finden ist. Dann verstehst Du auch, warum es so entscheidend ist, all das zu geben!

Ja, Du meinst vielleicht, dass Du das bereits tust, aber das stimmt nicht! In Wahrheit gibst Du nur aus einem Mangel heraus, und zwar mit der unbewussten oder bewussten Absicht, irgendein erfundenes Bedürfnis gestillt zu bekommen. Fülle hingegen ist Ausdruck des »Inhalts« in Verantwortung und Autorität als Schöpfer.

Merke Dir:

Du kannst nur geben, was Du bist. Und was Du bist, entscheidest Du!

Also sage bitte jetzt:

Ich bin die Veränderung meiner Erfahrungswelt und verantwortlich für meine Wahrnehmung.
Ich entscheide, mich jetzt in eine höhere Frequenz anzuheben.
Ich bin Liebe und schaue in Liebe auf meine Bedürftigkeit.
Ich verbinde mich mit meiner inneren Weisheit und harmonisiere mich mit dem Bedürfnis, gesehen, gehört, berührt und wertgeschätzt zu werden, wie das auch immer aussehen mag. Und weil ich entschieden habe, ist es geschehen!

...

Aber woher weiß ich denn, was ich geben soll?

Du findest immer einen Anlass, bewusst zu geben. Frage Dich hierfür einfach nur:

Was brauche ich selbst gerade am dringendsten?

Horche tief in Dich hinein! Fühlst Du Dich allein, traurig, ungeliebt, wütend, blockiert, gehemmt, ängstlich oder in einer anderen Form des Mangels, ist die Antwort bereits da. Und sie will sich durch Dich als gefühlte Zweisamkeit, Geborgenheit, Nähe, Ruhe, Verständnis oder bestärkende Worte ausdrücken. Schau nun einfach mit Liebe um Dich herum und sage:

Ich bin die Veränderung meiner Erfahrungswelt und verantwortlich für meine Wahrnehmung.
Ich entscheide, mich jetzt in eine höhere Frequenz anzuheben.
Ich bin Liebe und schaue in Liebe auf das, was ich gerade am dringendsten brauche.

...

Hast Du die Antwort, dann ist Dein entsprechendes Gegenüber nicht weit. Du musst ihn, sie oder es nur bewusst einladen, indem Du sagst:

Ich verbinde mich mit meiner inneren Weisheit und harmonisiere mich mit der Absicht, jemand oder etwas anderem... (zum Beispiel: ein Ohr zu schenken oder liebe Worte, ein Essen, einen schönen Abend), wie das auch immer aussehen mag. Und weil ich entschieden habe, ist es geschehen!

Du wirst sehen, wie schnell jemand oder etwas in Deiner Erfahrungswelt auftaucht, wo Du genau das geben kannst. Und sobald Du aus Absichtslosigkeit gibst, wirst Du eine Veränderung Deiner Wahrnehmung bemerken und Dich erfüllter und zugleich leichter fühlen.

Wisse: Jener Mensch oder jenes Wesen, das Dir nach dem Aussprechen dieser Worte über den Weg läuft, ist genau richtig. Er, sie oder es erscheint, weil Du die Einladung bewusst ausgesprochen hast. Und in dem Moment, wo Du in Liebe auf alles und jeden schaust, hebst Du Dich in eine höhere Frequenz und dadurch auch Dein Gegenüber.

Du bist Schöpfer Deiner Erfahrungswelt. Hier gibt es keinen Irrtum. Du erschaffst und nimmst immer nur wahr, was Du als »Inhalt« bist. Deine Frequenz lügt nicht, sie ist, was sie ist. Und das Leben als Ausdruck Deiner Erfahrungswelt ist nur Zeuge dessen. Gefällt Dir nicht, was Du siehst oder Dir widerfährt, dann hast Du Deine Verantwortung abgegeben und hältst Dich und andere damit in einer niederen Frequenz. Denn im Zustand der Verantwortungslosigkeit projizierst Du Deine Gefühle von sich klein, unbedeutend, ohnmächtig, traurig, hässlich, ungenügend und machtlos fühlen auf äußere Erscheinungen, ohne zu bemerken, dass es das Außen gar nicht gibt. Erst wenn Du Dich wirklich in Allem und Jedem selbst erkannt und mit dieser Tatsache versöhnt hast, begreifst Du Dich als Autorität und damit auch Deinen wahren Wert.

Mit der bewussten Annahme eines jeden Menschen, Wesens oder Umstandes als Deine Schöpfung – insbesondere jene, die Du ablehnst –, hebst Du Dich in eine höhere Frequenz, und Deine Erfahrungswelt wird diese sofort bezeugen. Alles, was dann in Deiner Erfahrungswelt erscheint, ist eine Schöpfung aus der neuen Frequenz. Und hältst Du die neue Frequenz, gibst Du anderen die Möglichkeit, sich auch auf eine höhere anzuheben. Doch diese Entscheidung obliegt jedem selbst.

Wenn Du durch eine bewusste Entscheidung nicht mehr mit Deinem Gegenüber gleichschwingst, dann zeigt sich das durch die Wahrnehmung von Irritationen im persönlichen Umgang. Plötzlich erkennst Du in einer Bewegung oder der Klangfarbe einer Stimme den deutlichen Ausdruck einer bestimmten Absicht, die vorher unbemerkt blieb.

Womöglich ist Dein Gegenüber irritiert, weil Du Dich plötzlich anders verhältst und sprichst. Und Du beginnst zu frösteln, ohne wirklich Kälte zu empfinden. Selbst eine stark empfundene sexuelle Anziehungskraft lässt nach, und körperliche Berührungen fühlen sich mit einem Mal neutral an. Aber all das bedeutet nicht, dass Liebe verlorengegangen ist. Im Gegenteil, Du hast nur die Beziehung durch Deine Anhebung mitangehoben. Und jetzt zeigen sich die Aspekte, die in der höheren Frequenz nicht weiter bestehen können.

Jeder – auch Dein Gegenüber – kann entscheiden, sich auf eine neue Ebene der Bewusstheit zu bringen. Aber Angst ist hierbei immer ein Zeichen, dass bewusst oder unbewusst noch an bekannten Gefühls- und Verhaltensmustern festgehalten wird und dieser Schritt aus verschiedenen Gründen nicht getan werden kann.

Deshalb wisse: Auf jeder neuen Ebene gibt es zwar bisher noch unbekannte Möglichkeiten, aber sie sind immer nur Ausdruck Deines »Inhalts« auf dieser Frequenz. Und jede Möglichkeit heißt Veränderung! Und da Du Schöpfer Deiner Erfahrungswelt bist, kannst Du sie auch immer wieder ändern.

Erst wenn Du Dich in Allem und Jedem, mit dem Du in Konflikt stehst, – wie tief auch immer Du ihn unter Schmerzvermeidungsstrategien und spirituellen Konzepten abgelegt haben magst – als perfekte Schöpfung erkennst, annimmst und harmonisierst, wirst Du das einengende Korsett Deiner Geschichte ablegen und über sie hinausgehen können. Aber tust Du es nicht, lebst Du weiterhin nur im Rahmen der Vergangenheit.

XII

Aber wenn mir etwas nicht bewusst ist, woran erkenne ich dann, ob ich nur ein spirituelles Konzept lebe, das jene Seiten von mir unterdrückt, die eigentlich erkannt und gelebt werden wollen?

Wie viele Seminare oder für heilig befundene Orte jemand für sein geistiges Wachstum auch schon besucht haben mag, es sagt nichts darüber aus, wie weit er oder sie in seiner/ihrer Entwicklung wirklich ist. Entscheidend ist immer das Leben selbst – die eigene Erfahrungswelt. Menschen erzählen viel, und zu wissen glauben sie noch mehr. Doch wozu dient Wissen, wenn es die Frequenz niedrig hält und nicht erhöht? Wissen beschwert, wenn es nicht zur Befreiung führt.

Du brauchst kein unnützes Wissen anzuhäufen, denn Du weißt immer, sobald Du Dich bewusst für die höhere Frequenz entscheidest und die in ihr enthaltene Erkenntnis gewinnst. Dein Wissen ist nicht entscheidend für Deine Frequenz, sondern nur wie und wofür Du es anwendest. Also frage Dich, welche Absicht hinter Deinem Anhäufen von Wissen steckt! Nehmen wir einfach einmal diese Zeilen hier. Mit welcher Absicht schreibst Du sie?

Ich habe eine Lösung für meinen Konflikt gesucht.

Ja, aber geh noch tiefer und spüre bis in die kleinste Ecke Deines Seins! Warum hast Du dieses Buch zu schreiben gewählt? Weil Du Dich dazu gezwungen fühltest? Was ist die wahre Absicht hinter Deiner Entscheidung?

Ich weiß es nicht. Ich glaube, ich habe mich entschieden, eine Antwort zu finden, die mich wieder gutfühlen lässt.

Nein, weil Du meinst, dass hier etwas geschrieben wird, was Du noch nicht weißt und unbedingt wissen musst, weil Du ja so, wie Du jetzt gerade bist, nicht ausreichst, um gesehen, gefühlt und anerkannt zu werden. Ohne die bewusste Entscheidung mit dem Wissen um die Absicht kannst Du lesen und lernen, soviel Du willst. Außerdem kann Dir niemand je sagen, wer Du bist und was Du wissen sollst, außer Du selbst. Sobald Du erkennst, wer Du wirklich bist – nämlich eine Frequenz –, wird Dir auch bewusst, dass Du stets Deine Wahrnehmung bist.

Bin ich deshalb so unzufrieden? Weil ich noch nicht wirklich weiß, wer oder was ich bin?

Ja, Du probierst jede spirituelle Methode, versuchst Dich in dieser oder jener Technik, liest, meditierst, betest… und doch bleibst Du leer, weil Du die Wahrheit nicht erkennst. Die Wahrheit ist, Du suchst in Allem nur Dich selbst und nimmst nicht wahr, dass Du Dich darin längst gefunden hast.

Stelle Dir jetzt bitte folgende Frage:

Was suche und bekomme ich einfach nicht, obwohl ich doch so viel dafür tue?

Du hast Dich verirrt, weil Du Deine Verantwortung an alle möglichen Lehrer abgegeben hast. Du glaubst, weil sich jemand Lehrer nennt oder ein Buch geschrieben hat, weiß er mehr als Du. Das stimmt natürlich, aber nur weil Du Dir der Macht Deiner Entscheidungen nicht bewusst bist. Und was Du entscheidest, ist geschehen!

Da muss ich aber jetzt widersprechen. Wenn es so einfach wäre, dann würde man ja mit nur einer Entscheidung das Rauchen, den Alkohol oder die Drogen aufgeben können. Und das ist eben nicht der Fall, wie unzählige Fälle belegen.

Wir kennen diese Fälle, doch Du entscheidest und niemand sonst. Wenn Du entscheidest, mit dem Rauchen aufzuhören und es gelingt Dir nicht, dann hast Du Dich unbewusst dazu entschieden, weil es noch eine verborgene Absicht hinter dem Bedürfnis gibt.

Sobald Du jedoch in Deiner Autorität entscheidest, dann bist Du frei, weil Du Dich in eine höhere Frequenz anhebst und von dort den wahren Grund der Sucht erkennst. Und in dem Moment, wo die Wahrheit erkannt und gefühlt ist, verschwindet die Abhängigkeit von ganz allein.

Okay, dann möchte ich jetzt ein für alle Mal mit dem Rauchen aufhören. So oft habe ich es nämlich versucht, für eine Weile durchgehalten und dann wieder angefangen.

Gut. Du rauchst und möchtest gern damit aufhören. Dann frage Dich jetzt:

Was beabsichtige ich mit der Entscheidung zu rauchen?

Und dann sage laut:

Ich bin die Veränderung meiner Erfahrungswelt und verantwortlich für meine Wahrnehmung.
Ich entscheide, mich jetzt in eine höhere Frequenz anzuheben.
Ich bin Liebe und schaue in Liebe auf das Rauchen.
Ich verbinde mich mit meiner inneren Weisheit und harmonisiere mich mit der eben gestellten Frage und Antwort, wie auch immer sie aussehen mag.
Und weil ich entschieden habe, ist es geschehen!

Was kommt Dir in den Sinn?

Wenn ich qualme, dann brenne ich. Ich werde gesehen und gerochen – also wahrgenommen. Ich mache Rauchzeichen, weil ich unbewusst glaube, mich nicht anders ausdrücken zu können. Ich beneble mein »zu viel« Denken. Ich inhaliere Qualm, um mich zu füllen – meine innere Leere auszufüllen. Ich nutze das Rauchen, um mich immer wieder aus einer Situation herauszunehmen, weil ich ja vor die Tür gehen muss. Ich halte mich am Glimmstängel fest, um Halt zu haben. Ich stinke, um Nähe abzuweisen und auf Distanz zu bleiben. Ich rauche, weil ich innerlich vor Wut glühe.

Was genau fühlst Du beim Rauchen?

Geborgenheit. Ja, ich fühle mich wohlig warm und umsorgt.

Wer hat in Deinem Leben früher geraucht? Und wer raucht heute in Deinem Umfeld?

In meiner Familie rauchen nur mein Onkel und meine Tante. Und aus Erzählungen weiß ich, dass mein Urgroßvater mütterlicherseits früher viel geraucht hat.

Was genau wurde Dir erzählt?

Dass er die Zigaretten nur so verschlungen und mehr geraucht als gegessen hat. Deshalb bekam er auch ein Raucherbein, das man ihm abnehmen musste. Soweit ich weiß, hat er trotzdem weitergeraucht. Wahrscheinlich war es das einzige, was ihm blieb, denn arbeiten konnte er nicht mehr. Meine Urgroßmutter hatte ihn in den letzten Jahren seines Lebens die Treppe hoch- und runtertragen müssen. Er saß nur noch rum und schwang große Reden.

Welche Parallelen gibt es zu Deiner jetzigen Erfahrungswelt?

Mein Gegenüber raucht auch. Und wenn ich mit ihm zusammen bin, dann überkommt mich immer dieses Verlangen nach einer Zigarette. Dann sitzen wir auch nur da und unterhalten uns. Und wenn Alkohol im Spiel ist, rauche ich eine nach der anderen.

....

Mir wird gerade bewusst, dass mein Gegenüber meinem Urgroßvater auch äußerlich ähnlich sieht. Und ich spüre gerade das drängende Verlangen, etwas unternehmen zu wollen, und die Wut darüber, es nicht zu können, weil man von anderen abhängig ist.

Merkst Du was?

Ja, mir geht es so wie meinem Urgroßvater. Ich fühle mich auch abhängig und kann noch nicht die Unternehmerin sein, die ich sein möchte. Stattdessen habe ich immer nur irgendwelche Jobs gemacht, um den Männern in meinem Leben die Treppe hinauf- oder im schlimmsten Fall hinabzuhelfen. Ja, und der letzte brauchte mich besonders – wie mein Urgroßvater meine Urgroßmutter –, und ich war sofort mit ganzem Einsatz zur Stelle. Ich tat es aus der gefühlten Pflicht heraus, ihn als den großen Unternehmer in seiner heldenhaften Rolle des angeblich fremdverschuldeten Scheiterns zu bestätigen und fühlte mich dadurch irgendwie stärker als er. Aber keine Frau will einen abhängigen Mann. Und vor allem nicht, wenn es auf Dauer ist und er ihr auch noch das Gefühl gibt, unfähig und ungenügend zu sein. So gab ich Geld, ließ meine Beziehungen spielen und fühlte mich insgeheim schuldig für eine Macht und Ohnmacht, die ich gar nicht wollte. Oder doch?

Ja, vielleicht, denn Dankbarkeit spürte ich nie – im Gegenteil. Ich wusste, dass ich ihn durch mein Tun entmachtet habe und er mir seine Wut darüber nur nicht zeigte, weil er mich brauchte. Ja, er war wütend auf mich, weil ich ihn kleinhielt.

...

Oh Mann, jetzt wird es mir klar. Ich hielt mich selbst klein, indem ich die Hilfsbereite und Aufopfernde spielte, aber ihn gleichzeitig wegen seiner Handlungsunfähigkeit ablehnte. Ich verriet mich selbst, weil ich mir einen Mann erschuf, der nur nahm und nichts gab. Ja, in Wahrheit hatte ich Angst, ihn nicht mehr zu bedienen, weil ich dann mein eigenes Schmerzvermeidungsprogramm hätte erkennen müssen. Dann hätte ich nämlich wahrgenommen, dass ich nur benutzt wurde, oder anders gesagt, dass ich mich benutzen ließ, um mich vor meiner eigenen Verantwortung zu drücken.

Rauche ich etwa, um genau das nicht wahrhaben zu müssen? Um nicht wie meine Uroma und Oma die Männer zu verachten, weil sie nicht zu ihnen aufschauen konnten? Oder weil sie sich selbst nicht sahen? Und erschaffe ich mir deshalb immer wieder ein Gegenüber mit derselben Wut auf die »ewig umsorgende« Frau, weil er im Innern noch abhängig von ihrer mütterlichen Zuwendung ist? Von wessen Zuwendung bin ich noch abhängig? Und warum entledige ich mich nicht dieser Last und beginne endlich mich selbst zu tragen?

Stelle die Frage anders. Welcher Teil in Dir braucht noch Zuwendung und kann ohne Dich nicht laufen?

Mein Urgroßvater?

Ja.

Aber ich habe ihn nie persönlich kennengelernt. Er starb vor meiner Geburt.

Das spielt keine Rolle. Dein Urgroßvater lebt als »Inhalt« in und durch Dich fort – also auch seine Unbeweglichkeit und seine Abhängigkeit. Schau bewusst hin und fühle ihn in Dir. Aber erkenne ihn auch in den Männern, die Du in Deiner Erfahrungswelt erschaffen hast. Seine Abhängigkeit ist ebenso die Deine und auch die Deines Gegenübers. Wird Dir nun Deine unbewusste Absicht hinter dem Verlangen zu rauchen bewusst?

Ihr wollt sagen, mein Urgroßvater will gesehen und in mir harmonisiert werden? Und er zeigt sich durch das Verlangen nach Zigaretten? Und jetzt, wo ich es erkannt habe, höre ich dadurch automatisch mit dem Rauchen auf? Erschaffe ich mir von nun an auch keine Männer mehr, die von mir abhängig sind?

Ja, doch nur die Erkenntnis allein reicht nicht aus. Erst wenn Du die er- kannte Absicht und ihre transgenerative Auswirkung als jenes bisher unbewusstes Verlangen nach Zigaretten als Dein Erbe angenommen hast und die bewusste Entscheidung triffst, jene unterdrückte Wut in Mut zu verwandeln und als Unternehmerin Deinen rechtmäßigen Platz einzunehmen, bist Du frei.

Sage hierfür jetzt laut:

Ich bin die Veränderung meiner Erfahrungswelt und verantwortlich für meine Wahrnehmung.
Ich entscheide, mich jetzt in eine höhere Frequenz anzuheben.
Ich bin Liebe und schaue in Liebe auf meine Abhängigkeit.
Ich verbinde mich mit meiner inneren Weisheit und harmonisiere mich mit dem Verlangen, eine selbständige und freiatmende Unternehmerin zu sein, wie das auch immer aussehen mag.
Und weil ich entschieden habe, ist es geschehen!

Solltest Du jedoch beim Aussprechen des letzten Satzes bereits unbewusst entschieden haben, weiter zu rauchen, dann tue es mit voller Verantwortung und zwar mit dem Wissen, dass eine weitere Gelegenheit zur Befreiung in der Tiefe Deines Unbewussten nun erkannt werden will.

XIII

Nun, vielleicht kann ich mit einer bewussten Entscheidung ja meine kleinen persönlichen Probleme lösen, aber das kollektive Unrecht wie zum Beispiel die Massenvergiftung durch Chemtrails kann ich damit nicht verhindern. Die oberen Zehntausend machen doch mit uns, was sie wollen.

Es ist immer, wie es ist. Das ist die Erfahrungswelt, die Du entschieden hast zu sehen. Die Frage ist nicht, was da geschieht und weshalb, sondern warum Du Dich darüber ärgerst.

Der Ärger entsteht aus der Ohnmacht, weil Du die Verantwortung für Deine Schöpfungen an andere abgegeben hast. Unbewusst hast Du mit dem Kollektiv eine Übereinstimmung getroffen, dass die Erfahrung von »vergiftet werden« so geschehen soll. Auch hier geht es nicht um die Tatsache, dass es so ist, sondern um Deine Absicht dahinter.

Stelle daher jetzt die Frage:

Welche Erfahrung will ich mit der Entscheidung, mich in Übereinstimmung mit dem Kollektiv vergiften zu lassen, machen?

Du weißt es nicht? Dann sage:

Ich bin die Veränderung meiner Erfahrungswelt und verantwortlich für meine Wahrnehmung.
Ich entscheide, mich jetzt in eine höhere Frequenz anzuheben.
Ich bin Liebe und schaue in Liebe auf die Vergiftung.

Ich verbinde mich mit meiner inneren Weisheit und harmonisiere mich mit der eben gestellten Frage und Antwort, wie sie auch immer aussehen mag.
Und weil ich entschieden habe, ist es geschehen!

Es kommt:

Ich bin giftig und vergifte damit mich selbst und andere. Ich benutze meine Projektion auf die oberen Zehntausend, um nicht die Verantwortung für meine Schöpfungen – also mein Denken, Fühlen und Handeln – übernehmen zu müssen. Stattdessen kann ich mich selbst bemitleiden und da bleiben, wo ich bin. Ich wähle die Angst, weil Angst mich auf der Frequenz hält, die ich kenne und an die ich mich gewöhnt habe. Denn erhöhe ich meine Frequenz, indem ich in Liebe auf die Vergiftung schaue, verändert sich mein Bewusstsein und auch mein Leben. Und vor dieser Veränderung fürchte ich mich.

Und das bedeutet keineswegs, dass die Vergiftung richtig ist, sondern nur, dass Du sie in einer höheren Frequenz betrachtest. Entscheidest Du bewusst oder unbewusst jedoch, krank und hilflos zu sein, dann wird Deine Erfahrungswelt Dir genau das bestätigen. Krankheit und Leid sind nichts anderes als Deine Weigerung, sich aus Deiner Identifikation mit der Geschichte über Dich selbst, Deine Familie und der Welt als Opfer zu befreien und den Platz einzunehmen, den Du als Erbe bereits hast, aber nicht einnimmst.
Stell Dir das so vor: Du bist ein König, der zwar von der Blutslinie her König ist, jedoch seinen Thron nie bestiegen hat. Aber um wirklich König zu sein und nicht nur zu wissen, dass Du es bist, musst Du bewusst entscheiden, Dein Königreich in Anspruch zu nehmen und dieses bewusst zu regieren. Doch solange Du das nicht tust, bleibt Dein Reich ohne König

und wird nur das bezeugen, was Du bist – nämlich ein Ausdruck von Ohnmacht, Mangel und Chaos.

Wisse: Die Idee verlässt nie die Quelle. Die Entscheidung und die Absicht sind entscheidend.

Doch hilf uns bitte kurz weiter. Wen genau meinst Du mit den »oberen Zehntausend«?

Ich meine die Mächtigen und Reichen in dieser Welt. Jene, die die Macht haben, über das Schicksal anderer zu bestimmen.

Nun, frage Dich, warum sie diese Macht haben.

Na, weil sie mehr wissen und die Masse für dumm verkaufen.

Wissen sie wirklich so viel mehr? Nur weil sie alte Schriften oder Ergebnisse von geheimen Forschungen unter Verschluss halten? Und weil sie bestimmte Informationen haben, die Dir fehlen? Meinst Du das wirklich?

Vielleicht haben sie auch einfach nur bestimmte Bedürfnisse wie beispielsweise viel Einfluss zu haben oder gesehen und respektiert zu werden. Und um das zu erreichen, tun sie eben die Dinge, die sie tun. Doch dabei bleiben sie immer in einer niederen Frequenz. Und weil Du Dein Erbe als Schöpfer Deiner Erfahrungswelt nicht in Anspruch nimmst, also Deine Autorität verleugnest, kannst Du Dein unbewusstes Wirken nicht sehen.

Deine Angst hält Dich im Wirkungsbereich dieser niederen Frequenz – und nichts anderes. Doch mit Deiner unbewussten oder bewussten Entscheidung, der allgemeinen Übereinkunft einer Existenz dieser Elitegruppe zuzustimmen, machst Du sie wirklich und zum Teil Deiner Erfahrungswelt. Ja, es gibt sicherlich Menschen, die viel Geld, eine führende Position und mehr Macht über andere haben, doch sie existieren nur, weil Du ihrem Vorhandensein unbewusst oder bewusst zugestimmt hast. Sage daher jetzt:

Ich bin die Veränderung meiner Erfahrungswelt und verantwortlich für meine Wahrnehmung.

Ich entscheide, mich jetzt in eine höhere Frequenz anzuheben.
Ich bin Liebe und schaue in Liebe auf die Machthaber dieser
Welt.

...

Und wenn ich wie die Machthaber bin – nehmen wir nur mal
an, das wäre so –, wo bin ich dann genauso?

Und nun sage:

Ich verbinde mich mit meiner inneren Weisheit und harmonisiere
mich mit der eben gestellten Frage und Antwort, wie sie auch
immer aussehen mag.
Und weil ich entschieden habe, ist es geschehen!

Mir kommt:

Ich würde auch gern einflussreich und wohlhabend sein. Ich
erlaube es mir nur nicht, deshalb beneide ich jene, die es sind
und machen, was sie wollen.

Erkennst Du nun, wie mächtig Du in Deiner Schöpferkraft bist? Du erschaffst das, was sich als »Inhalt« durch Dich ausdrückt. Und jede Begegnung, Umstand oder Erfahrung bezeugt nur, wer und was Du bist.

Kann denn in der höheren Frequenz auch Unglück erschaffen
werden?

Nun, in jeder Frequenz sind nur Schöpfungen als Ausdruck dieser Frequenz
möglich. So kann in der Frequenz der Liebe Angst nicht existieren, und

dadurch können auch Unterdrückung, Verrat und Ohnmacht nicht wahrgenommen werden. Solltest Du jedoch eine Erfahrung dieser Art machen, kannst Du sicher sein, Dich selbst und andere gerade zu verraten, indem Du etwas nicht gibst, vorenthältst oder nimmst, ohne das Wohl aller zu beachten. In so einem Fall bemerke einfach nur Dein unbewusstes Absinken in eine niedere Frequenz und entscheide Dich bewusst für die erneute Anhebung.

Bedenke jedoch an dieser Stelle: Auch die Beurteilung Deiner selbst als gut oder schlecht hält Dich in einer niederen Frequenz.

Sage daher jetzt:

Ich bin weder gut noch schlecht, sondern einfach nur da für mich!

XIV

Wenn ich denn alles nur mit der Anhebung in eine höhere Frequenz verändern kann, warum ist es dann so wichtig zu wissen, was meine Mutter, mein Vater oder meine Großeltern erlebt haben?

Wenn Du aus einer höheren Frequenz auf Deine Familie schaust, dann erkennst Du, warum Du in einer bestimmten Art und Weise reagierst, Du diesen oder jenen Beruf wählst oder einen bestimmten Typ Mensch als Partner an Deiner Seite hast. Solange Du Entscheidungen überwiegend unbewusst triffst, kannst Du über Deine bestehende Erfahrungswelt nicht hinausgelangen.

Mit anderen Worten, Du kannst Dich als »Inhalt« nicht entscheidend erweitern. Stattdessen wirst Du immer nur in einem abgesteckten Rahmen denken, fühlen und handeln – und zwar nur so, wie Du es gewohnt bist.

Dein wahres Sein in der Verantwortung für Deine Schöpfungen kennt keine Grenzen. Nur jene, die Du Dir selbst setzt und die eine Erfahrung in einer höheren Frequenz nicht möglich machen. In seiner Autorität als Schöpfer zu sein, ist ein alles verändernder Zustand. Du allein gehst dann diesen oder jenen Weg mit der Absicht, Dich stetig weiterzuentwickeln.

Hier ein Beispiel.

Mutter und Tochter sind bei demselben Unternehmen angestellt. Eines Tages fühlt sich die Tochter nicht gut und ihre Mutter geht ungefragt in die obere Etage des Gebäudes, um nach ihr zu sehen. Der Chef erfährt davon und kündigt sie im Eifer der Wut mit den Worten: »Wo kommen wir denn da hin, wenn die Mutter ständig hinter einem steht!«

Nun, aus seiner Sicht – Frequenz – ist das genauso, wie er sagt, doch er bemerkt nicht, dass er nur seinen eigenen »Inhalt« auf die Mitarbeiterin projiziert und unbewusst handelt. In Wahrheit ärgert er sich nämlich nicht über seine Mitarbeiterin, sondern projiziert auf sie das innere Bild der eigenen Mutter, die ihm keinen Raum lässt und damit nur bezeugt, dass er selbst einnehmend ist und in diesem Moment seinen Wirkungsbereich bedroht sieht.

Doch wie auch immer die Situation wahrgenommen wird, beide haben bewusst wie unbewusst eine Entscheidung getroffen: Sie entschied, sich um ihre Tochter zu kümmern! Und er entschied, sich selbst und andere abzugrenzen! Und die Folge ist: Sie trennen sich noch am selben Nachmittag.

Was meinst Du, ist diese Kündigung zu bedauern, oder handelt es sich hier um eine wunderbare Gelegenheit, die unbewusste Absicht des eigenen Handelns besser zu verstehen?

Ja, ich finde es bedauerlich, weil die Trennung eigentlich unnötig ist.

Aber womöglich ist es auch genauso gewollt. Nehmen wir einmal an, alles ist immer vollkommen und jede Erfahrung bezeugt nur den »Inhalt«, also den inneren Zustand aller am Konflikt Beteiligten, dann war die Trennung beiderseitig längst entschieden, schließlich wäre es sonst nicht geschehen. Aber auch die Tochter hat diese Situation eingeladen. Die Frage für alle drei sollte daher lauten: Von wem oder was wollten sie sich eigentlich verabschieden?

Keine Ahnung.

Sage bitte jetzt laut:

Ich bin die Veränderung meiner Erfahrungswelt und verantwortlich für meine Wahrnehmung.
Ich entscheide, mich jetzt in eine höhere Frequenz anzuheben.
Ich bin Liebe und schaue in Liebe auf die Situation.

Von wem oder was wollten sie sich eigentlich verabschieden? Ich verbinde mich mit meiner inneren Weisheit und harmonisiere mich mit der eben gestellten Frage und Antwort, wie sie auch immer aussehen mag.
Und weil ich entschieden habe, ist es geschehen!

Was kommt Dir?

Es kommt:

Der Chef hegt Groll auf seine Mutter, weil er sich in ihrer Gegenwart ohnmächtig fühlt.

…

Die Mutter macht ihre Arbeit nicht aus Freude, sondern nur um ihren Lebensunterhalt zu verdienen. Ein Teil in ihr möchte lieber frei sein und sich selbst verwirklichen.

…

Und die Tochter erschafft eine Krankheit, weil ein Teil in ihr längst schon woanders ist und nicht mehr hinter ihrem Chef und den Produkten steht.

Sehr gut. Jetzt übertrage es auf Dich und frage:

Wenn ich wie der Chef, die Mutter und ihre Tochter bin – nehmen wir nur mal an, das wäre so –, wo bin ich dann genauso?

...

Ich hege noch Groll auf meine Mutter? Aber das tue ich nicht. Wirklich nicht!

Fühle rein. Bist Du Dir sicher?

Hm. Nein, ich bin mir nicht sicher.

Dann frage:

Wer in meiner Erfahrungswelt hegt Groll auf seine Mutter?

...

Oh mein Gott. Mein Sohn! Er fühlt sich manchmal genauso ohnmächtig, weil er in meiner Gegenwart seinen Raum nicht in Anspruch nehmen kann.

...

Ja, so wie ich bei meiner Mutter. Sie unterbricht mich nämlich in jedem Satz und hört nie richtig hin.

...

Das ist jetzt heftig.

Lass es arbeiten. Was kommt noch?

Ich mache meine Arbeit nur fürs Geld und nicht aus Freude.

Ein Teil in mir möchte lieber frei sein und neu anfangen. Und ich fühle mich krank.

Und was ist eine Krankheit?

Ein Konflikt.

Gut. Und nun nehmen wir mal an, alles ist immer vollkommen. Dann frage Dich jetzt:

Hinter wem oder was kann ich nicht mehr stehen, wenn ich doch Schöpfer meiner Erfahrungswelt bin?

…

Mir selbst.

Ja, das bewusste Fragen bringt die Wahrheit zu Tage. Und würden der Chef und seine Mitarbeiterinnen ihren Konflikt als Gelegenheit für ihre Weiterentwicklung wahrnehmen, könnten sie auch ihre Projektionen und damit die Absicht hinter dieser Erfahrung erkennen.

Im Fall dieses Chefs war es nicht so. Weil er seinen Groll auf seine Mutter nicht bewusst angenommen und harmonisiert hat, kann er auch nicht in Liebe auf andere Frauen schauen. Stattdessen werden sie ihn weiterhin unbewusst wütend machen und seine gefühlte Ohnmacht nähren.

Und was ist mit der Mutter, die sich um ihre Tochter sorgt? Was ist ihre Projektion?

Diese Mutter handelt unbewusst, weil sie glaubt, sich um ihre Tochter zu sorgen, jedoch nicht erkennt, dass sie die »sich nicht gut Fühlende« in sich selbst auf sie projiziert – also ihren eigenen »Inhalt«. Und damit wird sie niemandem wirklich Gutes tun.

Und die Kündigung?

Die Kündigung im Außen erfolgt nur, weil sie ihre Verantwortung als Schöpfer abgegeben und sich selbst längst verlassen hat.

Aber was ist das Thema der Tochter?

Die Tochter erschafft als scheinbarer Auslöser eine Trennung von zwei Menschen, weil sie im Innern kämpft und noch einen Konflikt ihrer Eltern ausagiert. Die Mutter und der Chef bestätigen dabei nur ihren »Inhalt«, aber auch den ihrigen.

Bitte merke Dir:

Wahre Erkenntnis erlangst Du, wenn Du angenommen hast, dass nichts zufällig geschieht, sondern Du allein Schöpfer Deiner Erfahrungswelt bist.

Hier noch ein weiteres Beispiel.

Ein junger Mann wird Sprengmeister. Warum und weshalb, ist ihm nicht bewusst. Aus einem scheinbar zufälligen Grund hat ihn das Leben in diesen Berufszweig geführt. So wird er regelmäßig für die sichere Durchführung von Sprengarbeiten gebucht und kann gut davon leben. Aber immer häufiger wird er ohne erkennbaren Grund trübselig. Es plagen ihn Antriebslosigkeit und Einsamkeitsgefühle.

Warum?

Schauen wir hierfür in sein Ahnenfeld. Seine Großmutter wurde als kleines Mädchen auf der Flucht in einem Gutshaus vergessen und erlebte in dieser Nacht einen Bombenangriff.
Diese traumatische Kriegserfahrung ist auch im Informationsfeld ihres Enkelsohnes – als sein »Inhalt« – vorhanden und wird mit jeder Sprengung

neu aktiviert. Die innere Erschütterung bestimmt somit so lange sein Lebensgefühl, bis er diese Tatsache erkennt, annimmt und seine »junge« Großmutter in sich harmonisiert.

Wie jeder Mensch verspürt auch der Sprengmeister den Wunsch nach Weiterentwicklung und sich seines bisher unerkannten »Inhaltes« bewusst zu werden. Deshalb macht er unbewusst diese Arbeit. Aber da die Frequenz seiner Erfahrungswelt aufgrund der als Kind gefühlten Angst der Großmutter niedrig schwingend ist, erschafft er weiterhin Gefühle von Ohnmacht und Verlassenheit.

Jeder Körper ist ein Frequenzköper. Sie unterscheiden sich nur durch ihre Schwingung. Und da Du wie er noch an unerkannten Ängsten, Blockaden, Gefühls- und Verhaltensmustern leidest, nutze jetzt die Gelegenheit der Befreiung, indem Du Dich mit Deinem »Inhalt«, also den Themen Deiner Herkunftsfamilie, harmonisierst.

XV

Was genau muss ich tun, um mich von jenen unerkannten Ängsten und Blockaden zu befreien?

Deine Herkunftsfamilie ist der Ausdruck Deines »Inhaltes«, und deshalb ist die bewusste Beschäftigung mit ihren Themenfeldern der Ablehnung, Wut und Angst unumgänglich.
Nimm dazu einen Stift und beginne mit der Person, von der Du Dich am meisten verletzt, verlassen oder angegriffen fühlst. Denn sie ist die Tür zu Deinem unbewussten »Inhalt« und offenbart Dir jene verborgenen Aspekte Deines Seins, die Deiner Wahrnehmung von Leid zugrunde liegen.

Sage hierfür bitte laut:

Ich bin die Veränderung meiner Erfahrungswelt und verantwortlich für meine Wahrnehmung.
Ich entscheide, mich jetzt in eine höhere Frequenz anzuheben.
Ich bin Liebe und schaue in Liebe auf meine Herkunftsfamilie.

Dann sage:

Ich verbinde mich mit meiner inneren Weisheit und harmonisiere mich mit (… Name), den folgenden Worten und damit verbundenen Gefühlen, wie sie auch immer aussehen mögen.
Und weil ich entschieden habe, ist es geschehen!

Diese Arbeit solltest Du als erstes mit jeder Person aus Deiner Herkunftsfamilie, die Du persönlich kennst, durchführen – auch mit bereits Verstorbenen. Solltest Du Deine Herkunftsfamilie nicht kennen, dann mach diese

Arbeit mit den nahestehenden Bezugspersonen aus Deiner Kindheit und erst danach mit jenen Menschen, mit denen Du später schmerzhafte Erfahrungen gemacht hast.

Und jetzt geht es los:

Schreibe einen Brief und gliedere ihn wie folgt beschrieben. Den Anfang der jeweiligen Abschnitte kannst Du wie hier (*kursiv*) einfach abschreiben oder eigenständig formulieren. Diese Vorlage dient Dir nur als Hilfe für den Anfang. Schon bald wirst Du Deinen eigenen Stil finden und weiter verfeinern. Bitte schreibe alles aus Dir heraus, bis nichts mehr kommt.

Wichtig hierbei ist: Der Brief darf keine Bedingungen, Vorwürfe oder Anschuldigungen beinhalten. Bitte halte Dich an eine einfache und klare Darstellung der Erfahrungen und Gefühle!

Hier ist das Beispiel eines Briefes an einen Vater. Wenn Du nicht mit Deinem Vater beginnen magst, dann ersetze einfach den »Vater« durch »Mutter«, »Oma«, »Opa« oder den Namen der betreffenden Person, an die Dein Brief gerichtet ist. Zu Deiner Beruhigung: Dieser Brief muss nicht abgeschickt werden. Allein Deine Absicht und die Frequenz, in der Du diese Zeilen schreibst, verändern augenblicklich und spürbar Deine Erfahrungswelt.

... Lieber Papa (oder Name der betreffenden Person), mit der Absicht, mich mit Dir zu harmonisieren und die Wahrheit hinter den äußeren und inneren Erfahrungen zu erkennen, entscheide ich, mich jetzt in eine höhere Frequenz anzuheben. Ich bin Liebe und ich schaue in Liebe auf Dich und alles, was zwischen uns passiert ist. Ich verbinde mich mit meiner inneren Weisheit und harmonisiere mich mit Deinem Informationsfeld, indem ich all das aufschreibe, was ich wahrgenommen habe und mir jetzt wieder in den Sinn kommt. Dies beinhaltet auch alles, was nie ausgesprochen oder verdrängt wurde und bis heute meine Erfahrungswelt beeinflusst. Diese Dinge sind:

1. Aufzählen, was geschehen ist.

Du hast dies oder jenes getan und ich habe mich so und so gefühlt!

Beispiele:
Du hast mich geschlagen und ich war ohnmächtig vor Wut.
Du hast mich immer zum Lernen gezwungen. Und ich war traurig, weil ich nicht mit meinen Freunden spielen konnte.
Du hast mir nie zugehört, deshalb habe ich mich nicht verstanden gefühlt.

…

2. Die eigenen Gedanken, Gefühle und Taten mitteilen.

Lieber Papa (oder Name der betreffenden Person), nach dem Aufzählen all jener Vorkommnisse, die mich zutiefst gekränkt (verletzt, geprägt, verändert, erschüttert …) haben, bitte ich Dich hiermit um Verzeihung. Auch ich habe einen Teil an unserem Konflikt (der Situation) beigetragen, indem ich aus der Verletzung (Unfähigkeit, Hilflosigkeit, Unwissenheit, Unreife …) heraus Dinge gesagt, getan und gefühlt habe, die Dich ebenso in einer niederen Frequenz gehalten haben wie mich. Und diese Dinge sind …

Ich habe dies oder jenes getan und mich so und so gefühlt!

Beispiele:
Ich habe gelogen, als Du mich dies oder das gefragt hast. Und ich fühlte mich schuldig.
Ich fühle eine tiefe Abneigung, wenn ich an Dich denke.
Ich habe mich nicht gemeldet, weil ich immer noch wütend auf Dich bin.

…

3. Bedanken

Hier gilt es, zwei Dankesebenen zu unterscheiden:
Einmal »Dank für das Gegebene« und der »Dank für die Erkenntnis«, wo und wann Du Dich genauso verhältst wie die betreffende Person.

Lieber Papa (oder Namen der betreffenden Person), nachdem ich nun auch meine am Konflikt (an der Situation) beteiligten Aspekte ehrlich angeschaut, gefühlt, aufgeschrieben und ausgesprochen habe, möchte ich Dir von ganzem Herzen danken. Ich bin Dir heute so dankbar, all das zu erkennen, was Du für mich getan und mir gegeben hast. Und diese Dinge sind:

Beispiele:
Du hast mir damals dies oder jenes geschenkt …
Du hast mit mir einen Nachmittag verbracht …
Du hast mich gelobt für …

Wenn Dir nichts einfällt, wofür Du dankbar sein kannst, dann schreibe:

Beispiele:
Du hast mich gezeugt (das Leben geschenkt) …
Du hast mir immer zu essen gegeben …
Dank Dir hatte ich ein Zuhause …

… und ich habe mich so und so gefühlt!

Über jene Dinge hinaus, die Du für mich und mein Bestes getan und gesagt hast, bin ich Dir dankbar, jetzt erkennen zu dürfen, wo ich mich genauso wie Du verhalten habe und es immer noch tue. Diese Erkenntnisse lassen mich verstehen, dass auch Du Dich in vielen Situationen einfach nur ängstlich, hilflos, verlassen und ohnmächtig gefühlt hast – so wie ich. Und diese Situationen sind:

Bitte immer genaue Beispiele nennen!

Beispiele:
Ich schreie auch manchmal so rum und verliere die Kontrolle bei ...
Dann fühle ich mich immer so ... (hilflos, ohnmächtig, unfähig, klein etc.)

Ich habe auch schon mein(e) Kind(er) ignoriert und mit Nichtachtung ge-
straft – besonders in Situationen, wo ich ...
Und da fühlte ich mich so ...

Ich habe auch schon ... (Menschen oder dieses Tier) geschlagen ...
Und da fühlte ich mich so ...

Ich führe auch eine Ehe, in der ich unzufrieden bin und mich nicht zutiefst
beantwortet fühle.
Und dabei fühle ich mich ...

Ich verhalte mich auch unnahbar und distanziert gegenüber ... (Menschen,
Tieren, Unbekanntem etc.) oder in Situationen, wo ich ...
Dabei fühle ich mich immer so ...

Ich bin auch süchtig, vielleicht nicht nach Alkohol, aber nach Klamotten, An-
erkennung, Sport, Arbeit, Essen, Drogen oder Medikamenten ...
Und wenn ich rumhure, prahle, übertreibe, mich überanstrenge, rauche, kokse,
kiffe oder zu viel in mich reinschlinge, dann fühle ich mich ...

Ich bin schnell wütend und kann dann nicht runterkommen ...
Dann verletze ich andere und fühle mich ...

Der letzte Teil des Briefes bewirkt eine tiefe innere Wandlung von der eigenen Wahrnehmung als Opfer ins Mitgefühl für Dein Gegenüber. Doch das
geschieht nur, wenn Du Dich selbst ehrlich betrachtest und Dich nicht länger mit Ausreden täuschst. Alles, was Du beim Anderen ablehnst, ist Dein
blinder Fleck, also Dein unbewusster »Inhalt«.
Du bist Schöpfer Deiner Erfahrungswelt. Und Deine Projektion auf Dein
Gegenüber soll nur Dein erfundenes Selbstbild schützen. Daher betrachte

jetzt noch einmal bewusst die im ersten Abschnitt aufgeführten Punkte, wo Du das Verhalten Deines Gegenübers beschrieben hast, und sage Zeile für Zeile:

Ich bin die Veränderung meiner Erfahrungswelt und verantwortlich für meine Wahrnehmung.

Wenn ich wie (mein Vater, Mutter, Oma, Opa oder... Name) bin – nehmen wir nur mal an, das wäre so –, wo bin ich dann genauso?

Öffne Dich der liebevollen Einsicht, wo Du Dich ähnlich oder gar gleich – besonders im Umgang mit anderen Menschen – verhältst. Sobald Du Dich in Deinem Gegenüber wiedererkennst, öffnet sich die Tür zu einer neuen Erfahrungswelt und Du erfühlst die Antwort auf die Frage.

4. Abschlusssatz *(Ich bin Liebe ...!)*

Dieser Satz muss am Ende des Briefes stehen. Er ist wert- und religionsfrei und bestätigt Dich – also Deinen »Inhalt« – in einer höheren Frequenz. Wisse: Das Schreiben des Briefes ist mehr als nur ein Ritual. Es ist die Entscheidung, »Dich als Inhalt« hin- und damit die Identifikation mit Deiner Geschichte aufzugeben.

Nun habe ich noch einmal alles ausgesprochen und gefühlt, was zwischen uns als Erfahrung und Lernaufgabe gelebt werden wollte. Ich habe erkannt, dass alles, was ich an Dir abgelehnt oder von Dir erwartet, aber selbst nicht gegeben habe, mein eigener blinder Fleck ist, den ich dank Dir jetzt bewusst integriere und harmonisiere.

Ich bin Liebe und gebe in Liebe das hier Gesagte und Gefühlte ins Licht. Das Licht nimmt es auf und löst es für immer auf! Und weil ich entschieden habe, ist es geschehen!
Danke, Danke, Danke!

5. Brief fortbringen, laut vorlesen und verbrennen

Und nun geh an die frische Luft. Suche Dir einen ungestörten Platz im Sonnenlicht und lies diesen Brief laut und langsam vor, sodass jedes einzelne Wort bewusst in Dein Herz fällt.

Nach dem Vorlesen warte bitte noch einen Augenblick, bis sich ein gutes Gefühl einstellt, dann löse den Brief auch physisch auf, indem Du ihn verbrennst.

Bitte achte während dieser Arbeit auf alles, was in Deinem Inneren und um Dich herum geschieht. Beobachte, aber versuche nicht, das Wahrgenommene zu benennen. Sei Dir jedoch gewiss, dass alles eine Bedeutung hat und sich jetzt auf Deine neue Frequenz einstellt. Mit der bewussten Entscheidung, diesen Brief zu schreiben, hast Du universelle Gesetze in Gang gesetzt, die nun wirken. Doch wisse, dass die Harmonisierung nicht von Dir gemacht wird, sondern durch Deine bewusste Absicht, Hin- und Aufgabe geschieht. Denn sobald Du als Schöpfer in seiner Autorität das Deine tust und Deine Schöpfungen dem allumfassenden Geist anvertraust (nenn es Liebe, Universum oder auch Gott), bist Du und die betreffende Person frei. Bitte verlasse die Feuerstelle erst, wenn der Brief vollständig verbrannt ist und Du Frieden fühlst! Halte auch keine Tränen zurück! Manchmal ist dieser Prozess sehr zäh, denn gebündelte Energie hat viel Kraft. Daher lass Dich bei Störungen von außen nicht beirren, sondern halte kurz inne und mach dann unbeirrt weiter!

Du hast es geschafft! Schön. Ruhe jetzt und wärm Dich!

XVI

Ich bin verwirrt! Warum habe ich das Gefühl, verrückt zu werden?

Du wurdest ja auch im wahrsten Sinne des Wortes verrückt, denn mit der Erlaubnis, die Du Dir selbst erteilt hast, den bisherigen Bezugsrahmen zu verlassen, kann die bisherige Identifikation mit Deiner Geschichte nicht mehr für gültig gehalten werden. Und da Du Dein eigener Bezugsrahmen bist, macht es den Anschein, verrückt zu werden. Jedoch ist das nur Dein Verstand, der in die höhere Frequenz nicht angehoben werden kann. Mit ihm kannst Du keine wahre Erkenntnis gewinnen, denn er kann immer nur Kenntnis für Kenntnis in Bezug auf die Vergangenheit – also den bisherigen Bezugsrahmen – zusammensetzen. Wahre Erkenntnis geschieht auf einer anderen Ebene. Und die ist nur mit der Seele und Deiner Bereitschaft, ihrer Weisung zu folgen, möglich. Die Seele vertraut immer, weil sie die Wahrheit kennt. Dein Verstand hingegen misstraut der neuen Erfahrungsebene, weil er Sicherheit sucht und jetzt ohne Orientierung ist. Dadurch entsteht das Verlangen, den neuen und noch ungewohnten Zustand unbedingt verstehen zu müssen und damit die verlorene Ordnungsstruktur wiederherzustellen.

Lass uns doch jetzt mal mit Deinem Gefühl der Verwirrung arbeiten. Was genau fühlst Du gerade?

Ich habe keinen Halt mehr. Mein Kopf schlägt Purzelbäume. Es ist ein mulmiges Gefühl, so als würde ich an einer Klippe stehen und wissen, dass ich springen muss. Aber ich traue mich nicht!

Gut. Sage jetzt laut:

Ich bin die Veränderung meiner Erfahrungswelt und verantwortlich für meine Wahrnehmung.
Ich entscheide, mich jetzt in eine höhere Frequenz anzuheben.
Ich bin Liebe und schaue in Liebe auf meine Verwirrung.
Ich verbinde mich mit meiner inneren Weisheit und harmonisiere mich mit der eben gestellten Frage und Antwort, wie sie auch immer aussehen mag.
Und weil ich entschieden habe, ist es geschehen!

Jetzt beobachte, was passiert – ohne Absicht! Schau um Dich herum und beschreibe, was Du siehst!

Es kommt:

Ich sehe mein kleines Biedermeiersofa mit drei Kissen, einen runden Tisch und zwei Stuhlsessel. Ich sehe eine weiße Kaffeekanne mit Blumenmuster und eine Tasse mit einem Gepard darauf. Und ich sehe mein überfülltes Bücherregal, vor dem ein Gummibaum mit langen Armen auf einem verzierten Sockel steht. Das Buch »Human Design« steht leicht hervor und stützt die Pflanze. Jetzt fällt mir auf, dass da noch eine handgroße Spielzeugtruhe als Fixierung zwischen Topf und Stamm geklemmt ist. Das hatte ich völlig vergessen.

Dein Verstand hat gerade beschrieben, was er wahrnehmen kann. Doch gehe jetzt weiter und interpretiere, was Du gerade siehst.

Es kommt:
Das ist gar nicht so leicht, aber ich versuche es mal. Eigentlich

habe ich nur feste Gegenstände beschrieben. Obwohl, die Pflanze ist ja etwas Lebendiges.

Jetzt, wo ich mir das alles so anschaue, fällt mir auf, dass meine Wohnung ganz schön bieder eingerichtet ist. Das Sofa ist ein antikes Möbelstück, das ich irgendwann mal auf dem Flohmarkt gekauft habe. Und die altmodische Kaffeekanne ist noch von meiner Oma. Ich glaube, dass ich sie deshalb aufgehoben und von einer Wohnung in die nächste mitgeschleppt habe. Sie erinnert mich an früher, als wir immer alle zusammen in der Küche saßen. Und die Tasse passt überhaupt nicht dazu, aber ich liebe Geparde.

Ja, der Gepard ist mein Lieblingstier. Ich weiß nicht warum. Es war schon immer so. Hm, und die Bücher, nun ich lese viel und gern. Und der Gummibaum – für ihn habe ich noch nicht den richtigen Platz gefunden. Er ist so zerbrechlich. Man braucht ihn nur berühren, und schon verliert er seine Blätter. Eigentlich ist er sehr gakelig, treibt aber in jede Richtung aus. An der Wand hängt ein Bild, auf dem ein Wald zu sehen ist. Ich hatte mir vorgestellt, den Baum so davor zu platzieren, dass es aussieht, als wäre er ein Teil von ihm. Ich finde die Vorstellung schön. Doch ich habe noch keine Idee, wie ich seine Arme befestigen soll. Er ist instabil und kann nicht alleine stehen.

Merkst du schon was?

Ja, während ich diese Worte hier formuliere, dämmert mir, dass ich mich in jedem Ding selbst beschreibe. Ich bin offensichtlich konservativer, als ich dachte. Das Sofa erinnert an alte Leute und eine längst vergangene Zeit. Irgendwie konventionell und angepasst. Es ist zwar geschwungen in seiner Form, aber auch steif – und überhaupt nicht bequem. Selbst mein Hund rutscht immer runter. Habe ich mich im Innern etwa auch so eingerichtet?

...

Wenn alles, was ich sehe, ich selbst bin, dann bin ich ja auch meine Oma, und ein Teil von mir sitzt durch die Kanne noch immer in Thüringen am Kaffeetisch. Nur dass heute hier zwei Stuhlsessel stehen und keine Küchenbank. Aber nur einer ist besetzt – und zwar von mir.
Jetzt fällt mir auf, dass die Stuhlsessel so aussehen wie damals die blauen Sessel in unserer kleinen Wohnung in Sonneberg, wo meine Mutter studiert hatte. Ich erinnere mich. Sie standen auch an einem kleinen runden Tisch.
Jetzt wird's ja verrückt. Ich sehe gerade die Parallele. Die Küche und das Wohnzimmer waren vereint in nur einem Raum. Und die optische Trennung war eine kleine Stufe. Das Wohnzimmer – also Wohlfühlzimmer – lag eine Ebene höher als die Küche.

Wenn ich das jetzt mal auf meine Frage übertrage, dann erkenne ich, dass Wohlfühlen nur eine Frequenz höher geht und nicht auf der, wo ich noch an der Vergangenheit hänge. Und wenn ich alles bin, was ich wahrnehme ... Jetzt höre ich ein lautes Brummen. Es kommt von draußen und nervt gerade, weil es meine Ruhe stört ...

Wo war ich stehengeblieben? Ach ja, wenn ich alles bin, was ich um mich herum wahrnehme, dann bin ich ja auch der Gummibaum. Und wenn ich der Gummibaum bin – nehmen wir nur mal an, das wäre so –, wo bin ich dann wie er?

Bin ich etwa genauso instabil? Und muss ich mich an einem Buch festhalten?

»Human Design« – hm, menschliches Design. Der Titel macht gerade etwas mit mir.

Stimmt, solange mein inneres und äußeres Design noch eine Stütze brauchen, kann ich ja gar nicht kraftvoll durchs Leben gehen. Also wo fehlt mir die Stabilität?

Und diese kleine Truhe. In ihr liegen kleine Heilsteine. Sie war mal ein Geschenk. Aber wo ist die verschlossene Truhe in mir? Was will ich verschlossen halten? Was in mir sind die Steine?

...

Jetzt kommt's:

Die Steine sind meine unterdrückten Gefühle. Etwas in mir ist noch versteinert und das nutze ich als Stütze, um nicht umzufallen oder einzustürzen. Also mein »human design« soll verhindern, dass ich einstürze? Welches Selbstbild fühlt sich gerade bedroht und lässt mich dadurch auf wackeligen Beinen stehen?

Ja, ich habe mich mit Möbeln, Konzepten und Ideen aus der Vergangenheit eingerichtet. Selbst den Thüringer Wald, wo ich geboren wurde, habe ich mir nach Hause geholt. Die Bäume bin ich?

Sie stehen nebeneinander und berühren sich nicht, nur unter der Erde. Also wo und mit wem bin ich unbewusst noch verbunden? Mit meiner Oma? Meiner Mutter? Gemeinsame Stunden in der Familie, Momente des Zusammenseins? Aber warum bin ich dann nicht äußerlich verbunden, sondern instabil? Auf welcher Ebene suche ich noch Halt? Versuche ich etwa unbewusst, mir durch Lesen und Bücherwissen diese Sicherheit zu geben? Aber warum dann der Gepard? Bin ich so schnell, und beschleunige ich in zwei Sekunden auf 90 Stundenkilometer? Wenn ja, auf welcher Ebene?
Jetzt verstehe ich. Ich bin wackelig, weil ich auf einer bestimmten Ebene so temporeich unterwegs bin, dass mir schwindelig wird. Und ich versuche, mich an irgendetwas festzuhalten. Aber es gelingt mir nicht.
Die inneren Steine – Gefühlsbrocken – kommen gerade ins Rollen, denn ich gehe über mein bisheriges Wissen – Bücherregal – hinaus. Ja, es geht um jene Stufe, die die Küche meiner Kindheit vom heutigen Wohnzimmer trennt. Und ich habe nicht bemerkt, dass ich meine Vergangenheit unbewusst bis ins Jetzt getragen habe. Das bedeutet, meine Verwirrung – Angst – ist nur da, weil sich die Identifikation mit meiner Geschichte auflöst. Und jetzt schmerzt mein Rücken wieder. Ich möchte am liebsten zusammenfallen. Aber etwas in mir ist verkrampft.

Und wie kann ich das jetzt lösen?

Es reicht, dass Du anders schaust. Jetzt nimmst Du Dich in einer höheren Frequenz wahr. Und sie ermöglicht Dir, noch unbewusste Aspekte an Dir zu erkennen. Allein damit übernimmst Du die Verantwortung für Dein Denken, Fühlen und Handeln. Und die Frage, was zu tun sei, um es zu lösen, ist überflüssig.

Überflüssig, weil es nicht um das Tun, sondern um bewusstes Wahrnehmen geht. Sobald Du Dich in Allem wiedererkennst, bist Du ganz – ganz im Sinne von eins und verbunden sein in Deiner Autorität als Schöpfer. Und die ist immer Stabilität.

Fühle, fühle, fühle.

XVII

Wenn das Problem gelöst ist, sobald ich etwas erkenne, wozu dann die lange Schreiberei mit den Briefen? Und warum wegbringen und verbrennen?

Die Wirkkraft der Briefe liegt darin, dass Du Dich damit der Möglichkeit öffnest, Dich selbst durch Dein Gegenüber zu öffnen. Die Briefe holen alles, was je gefühlt, getan und gesagt wurde, zurück ins Bewusstsein. Und durch das Aufschreiben fließen die Worte vom Kopf ins Herz und über die Arme in die Hände. Dann bringst Du »das Gefühlte, Getane und Gesagte« hinaus ins Freie.

Anders gesagt, durch die aktive Handlung ermächtigst Du Dich mit jeder Zelle Deines Seins, es wirklich aus Deinem inneren Haus zu entfernen und ein für alle Mal abzugeben.

Und das laute Lesen ist wichtig, da Du die Worte noch einmal bewusst durch den Mund aussprichst und dadurch über das Ohr zurück ins Herz fließen lässt. Somit sind all Deine Sinne am Prozess beteiligt, und diese wiederum beziehen auch die unbewussten Aspekte mit ein.

Kurz gesagt: Du gibst Dir als Ganzes die Erlaubnis, es als Ganzes abzugeben. Und da Du es übergibst – also Dich selbst in eine höhere Frequenz anhebst, kann sich das niedrig Schwingende nicht länger in Deiner Erfahrungswelt halten. Jedes Wort ist Energie, und die verdichtete Energie von niedrig schwingenden Aspekten wird spürbar, weil es jetzt um ihre Ablösung geht. Deshalb auch das Kälteempfinden während und nach so einer Arbeit.

Und sollten bei der Anhebung äußere Störungen auftauchen, dann sind diese auch nur Deine unbewusste Schöpfung.

Merke Dir:

Solange Dir etwas nicht bewusst ist, kann es Dich steuern. Doch wenn Du es erkennst, verliert es seine Wirkung.

Schau daher bei allen Unterbrechungen bewusst hin, übernimm die Verantwortung und mach einfach unbeirrt weiter.

Wenn ich mit der Harmonisierung der Herkunftsfamilie fertig bin, lösen sich dann alle Konflikte in meinem Leben?

Sobald die Herkunftsfamilie in Dir harmonisiert ist, lösen sich auch jene Konfliktfelder auf, die stellvertretend für ihre Ursprungsthematik wirken. Natürlich kannst Du Dich mit weiteren Konfliktpersonen beschäftigen, doch sobald der Kernkonflikt erkannt und harmonisiert ist, verschwinden auch seine Stellvertreter. Denn diese sind nun überflüssig.

Und was danach noch als Konflikt auftaucht, kann einfach so betrachtet werden, wie Du es bereits in Deinem Wohnzimmer getan hast.
Du wirst sehen, es wird Dir zunehmend leichter fallen. Irgendwann wirst Du gar keinen Konflikt mehr wahrnehmen, sondern sofort erkennen, wo Du genauso bist und was Du bisher noch vor Dir selbst verborgen hast.
Achte hierfür stets auf Deinen inneren Zustand!
Fühlst Du Dich angespannt, unwohl, ängstlich, traurig, gehemmt, blockiert, wütend oder ohnmächtig, mache Dir vor allem bewusst, dass Du etwas fühlst! Und dann stelle Dir folgende Fragen:

1. Was genau macht / sagt mein Gegenüber, das mich stört?

2. Was fühle ich?

Diese zwei Fragen sind Schlüsselfragen. Beantworte sie am besten schriftlich. Hier sind ein paar Beispiele.

Sie ignoriert mich! Ich fühle mich verletzt.
Er kann keine Nähe zulassen. Ich fühle mich zurückgewiesen und nicht wertgeschätzt.
Ich widme ihr so viel Zeit, doch wenn ich sie mal brauche, ist sie nicht erreichbar.

Der Hund zieht immer an der Leine und hört auf kein Wort. Und ich fühle mich dadurch gestresst.
Meine Frau kann sich nicht benehmen und wird durch Alkohol so aggressiv. Ich schäme mich dann für sie.
Er verhält sich wie ein trotziger Junge, wenn er nicht bekommt, was er will. Ich fühle mich dann wie seine Mutter.

Jetzt hast Du ein paar Dinge notiert, die Dich stören. Jetzt sage laut:

Ich bin die Veränderung meiner Erfahrungswelt und verantwortlich für meine Wahrnehmung.
Ich entscheide, mich jetzt in eine höhere Frequenz anzuheben.
Ich bin Liebe und schaue in Liebe auf mein Gegenüber.
Und wenn ich wie mein Gegenüber bin – nehmen wir nur mal an, das wäre so –, wo bin ich dann genauso?
Ich verbinde mich mit meiner inneren Weisheit und harmonisiere mich mit der eben gestellten Frage und Antwort, wie sie auch immer aussehen mag.
Und weil ich entschieden habe, ist es geschehen!

Nun warte ab und schau, was kommt!

Wenn es Dir nicht gelingt, es zu erkennen, weil sich Dein Verstand wieder einmal einmischt, hilf Dir selbst, indem Du die Sätze einfach umdrehst und er/sie/es mit ICH ersetzt. Und ICH ersetzt Du bitte mit er/sie/es.

ICH ignoriere sie! SIE fühlt sich verletzt.
ICH kann keine Nähe zulassen. ER fühlt sich zurückgewiesen und nicht wertgeschätzt.
ER widmet mir so viel Zeit, doch wenn ER mich mal braucht, bin ICH nicht erreichbar.

ICH ziehe immer an der Leine und höre auf kein Wort. Und ER/SIE fühlt sich dadurch gestresst.

ICH kann mich nicht benehmen und werde durch Alkohol so aggressiv. SIE schämt sich dann für mich.

ICH verhalte mich wie ein trotziger Junge (trotziges Mädchen), wenn ICH nicht bekomme, was ICH will. ER fühlt sich dann wie meine Mutter (Vater).

Wenn es Dir schwerfällt, diese Aussagen anzunehmen und Du sie nicht in Dir harmonisieren kannst, dann sage bei jeder einzelnen:

Ich bin die Veränderung meiner Erfahrungswelt und verantwortlich für meine Wahrnehmung.
Ich entscheide, mich jetzt in eine höhere Frequenz anzuheben.
Ich bin Liebe und schaue in Liebe auf mein Verhalten ... (Beispiel: meine Ignoranz; meine Unfähigkeit, Nähe zuzulassen; meine Unerreichbarkeit; mein Ziehen an der Leine; meine Aggressivität).
Wo verhalte ich mich genauso? (Beispiel: Wo bin ich ignorant? Wo bin ich unfähig, Nähe zuzulassen? Wo bin ich nicht erreichbar? Wo ziehe ich wie an einer Leine? Wo bin ich aggressiv?)
Ich verbinde mich mit meiner inneren Weisheit und harmonisiere mich mit der eben gestellten Frage und Antwort, wie sie auch immer aussehen mag.
Und weil ich entschieden habe, ist es geschehen!

Auch hier wieder. Sei aufmerksam, aber absichtslos und lass es in Dir arbeiten! Wisse: Je weniger Du zu verstehen glaubst, umso näher bist Du der Wahrheit.

Du wirst fühlen, wie kraftvoll und aufwühlend diese Worte sind, doch bleibe im Vertrauen, auch wenn in Deinem Inneren kein Stein auf dem anderen bleibt. Es ist gut, wie es ist.

Merke Dir:

Die Wahrheit verletzt nie. Die Wahrheit heilt!

Wenn Du bewusst die Entscheidung triffst, Dich in eine höhere Frequenz anzuheben und in Liebe auf Dein Gegenüber, die Situation oder Dein unbewusstes Verhalten zu schauen, dann ist die Antwort immer zuerst ein Gefühl und kein Gedanke. Sie erscheint wie eine leise Ahnung von etwas, das der Verstand unbedingt verstehen will und deshalb den kleinsten Impuls in viele Einzelteile zerlegt. Dies führt leider zu Verwirrung. Aber wisse: Die Anhebung in eine höhere Frequenz bringt nur hervor, was zwar unbewusst, aber längst vorhanden ist. Und genau das projizierst Du nach außen. Dein Informationsfeld trägt immer alles in sich. Es gibt nichts, was Dir fehlt oder verloren gehen kann. Die Wahrheit ist immer präsent. Und Du bist immer vollkommen.

Merke Dir:

Deine als ablehnend empfundene Schöpfung bestätigt nur Deine unbewusste Verdrängung.

Nehmen wir zur Erklärung folgendes Beispiel.

SIE ignoriert mich! ICH fühle mich verletzt.
ICH ignoriere sie! SIE fühlt sich verletzt.

Ja, Du fühlst Dich verletzt, doch wenn Du Dich in ihr erkennst, kannst Du auch fühlen, was sie fühlt. Und dadurch erhältst Du Zugang zur Wahrheit hinter der Projektion.
Jetzt wirst Du einwenden und denken, dass Du sie doch nicht ignorierst.

Und doch muss es so sein, sonst hättest Du diese Erfahrung von »sich ignoriert fühlen« nicht erschaffen. Wisse: Du verhältst Dich nicht auf der bewussten Ebene so, sondern auf der unbewussten. Und kannst Du das nicht erkennen, dann wisse auch, dass Du Dich selbst ignorierst – also jenen Aspekt in Dir, den Dein Gegenüber für Dich darstellt. Du fühlst Dich verletzt, aber dieser verletzte Aspekt in Dir wird ignoriert. Und weil er unbeachtet bleibt, erschaffst Du als Ausgleich jemanden, der Dich ignoriert und damit verletzt.

Jetzt verstehst Du, wer wirklich ignorant ist – nämlich Du. Und solange Du den verletzten Aspekt in Dir – und wir meinen damit den Schmerz – ignorierst, solange kannst Du auch Dein Gegenüber nicht wirklich sehen oder gar selbst wahrgenommen werden.

Wir wissen, wie anstrengend es gerade für Dich ist, unseren Worten zu folgen. Deshalb machen wir jetzt eine Pause. Aber bleib weiterhin im Vertrauen! Schon bald wirst Du die Auswirkungen dieser Arbeit als große Befreiung erfahren.

XVIII

Was mache ich, wenn sich mein Gegenüber nicht so verhält, wie ich es mir wünsche?

Wenn Du etwas willst und nicht bekommst, dann projizierst Du Deinen Mangel auf Dein Gegenüber, und damit hältst Du Dich in einer niederen Frequenz. Dein Gegenüber kann sich nur so verhalten oder auf Dich reagieren, wie es Dein Informationsfeld ihm erlaubt, sprich, möglich macht. Ja, das klingt unwahrscheinlich, wir wissen das. Und doch ist es, wie es ist. Deine unbewusste und bewusste Erwartungshaltung verhindert wahres Empfangen. Wenn Du etwas von außen erwartest, bist Du im Mangel und nicht in Deiner Verantwortung als Schöpfer. Und dann erschaffst Du nur von demselben. Mit anderen Worten, Du machst Erfahrungen von Verlust, Ablehnung, Einsamkeit und Scheitern.

Erinnere Dich:

Deine Erfahrungswelt bezeugt nur Deinen inneren Zustand.

Womöglich bist Du gerade wütend, sauer und schimpfst über fehlendes Verständnis oder mangelnde Empathie seitens Deines Gegenübers. In Wahrheit jedoch bist Du genauso, wie Du es ihm vorwirfst.

Hier sind ein paar Beispiele. Sie stammen wie bisher alles Geschriebene aus Deinem Informationsfeld und werden Dir deshalb sehr bekannt vorkommen. Doch vorher stelle Deine Frage noch einmal laut:

Was erwarte ich von meinem Gegenüber und bekomme es nicht?

Ich möchte endlich auch mal zu Wort kommen. Aber nie hört sie mir zu.
Ich möchte befördert werden, aber man hält mich klein.
Ich möchte, dass er liebevoller mit mir schläft.
Ich möchte, dass er seine Finanzen regelt und mich nicht immer anpumpt.
Ich will, dass er mehr für die Schule tut, aber es interessiert ihn nicht.
Ich will, dass er nicht so viel arbeitet und mehr mit mir verreist.

...

Du kannst jetzt bestimmt schon erkennen, dass es sich hierbei um Projektionen handelt. Und Du weißt inzwischen, dass sie immer nur Ausdruck Deines »Inhaltes« sind. Jetzt verstehst Du auch den Satz: »Wer gibt, der bekommt!« Aber auch der Spruch »Geben ist seliger als Nehmen« findet hier seine Bedeutung – vorausgesetzt, Du schaust auf ihn in einer höheren Frequenz. Hierfür stelle Dir folgende Frage:

Was genau sollte er/sie/es in diesem Fall tun, damit es mir besser geht?

Nun wende Dich noch einmal den vorherigen Aussagen zu und schreibe sie um! Aber bitte formuliere sie ohne Verneinung!

Sie soll mich zu Wort kommen lassen und mal richtig zuhören.
Man soll mich befördern, damit ich wachsen kann.
Er soll liebevoller mit mir schlafen.
Er soll seine Finanzen regeln und allein klarkommen.
Er soll Interesse zeigen und mehr für die Schule tun.
Er soll weniger arbeiten und mehr mit mir verreisen.

Und nun ersetze er/sie/es/man am Anfang des Satzes mit ICH.

ICH soll mich zu Wort kommen lassen und mir richtig zuhören.
ICH soll mich befördern, damit ich wachsen kann.
ICH soll liebevoller mit mir schlafen.

ICH soll meine Finanzen regeln und allein klarkommen.
ICH soll Interesse zeigen und mehr für die Schule tun.
ICH soll weniger arbeiten und mehr verreisen.

Na, merkst Du etwas? Kannst Du sehen, dass Du Deine eigene Verantwortung an Dein Gegenüber abgegeben hast?

Sobald Du erkennst, dass alles, was Du von Deinem Gegenüber erwartest, nur Deine Aufgabe ist, lösen sich die Projektionen auf und Du bist wieder in der Autorität als Schöpfer. Und niemand kann dann über Deinen Zustand bestimmen.

Erst wenn Du Dir selbst gibst, was Du von anderen erwartest, empfängst Du es von außen. Deine Erfahrungswelt wird es bezeugen. Solltest Du jedoch die neuen Aussagen so nicht annehmen können, gehe wie folgt weiter und sprich laut:

Ich bin die Veränderung meiner Erfahrungswelt und verantwortlich für meine Wahrnehmung.

Ich entscheide, mich jetzt in eine höhere Frequenz anzuheben.

Ich bin Liebe und schaue in Liebe auf mein »Nicht zu Wort kommen«.

Wo lasse ich mich nicht zu Wort kommen und höre mir selbst nicht zu?

Ich verbinde mich mit meiner inneren Weisheit und harmonisiere mich mit der eben gestellten Frage und Antwort, wie sie auch immer aussehen mag.

Und weil ich entschieden habe, ist es geschehen!

Keine Antwort?

Hm.

Frage weiter!

Welchen Teil in mir lasse ich nicht zu Wort kommen und höre ihm nicht zu?
Vielleicht meiner Intuition? Wo hege ich schon lange den Gedanken, mal etwas anderes zu machen und schiebe ihn immer wieder zur Seite?

Machen wir noch ein weiteres Beispiel, damit Du die neue Art zu fragen besser verinnerlichst. Bitte sage laut:

Ich bin die Veränderung meiner Erfahrungswelt und verantwortlich für meine Wahrnehmung.
Ich entscheide, mich jetzt in eine höhere Frequenz anzuheben.
Ich bin Liebe und schaue in Liebe auf meine Beförderung.
Wo soll ich mich befördern?
Ich verbinde mich mit meiner inneren Weisheit und harmonisiere mich mit der eben gestellten Frage und Antwort, wie sie auch immer aussehen mag.
Und weil ich entschieden habe, ist es geschehen!

Wie könnte die Antwort jetzt lauten?

Ich sollte mich nach genau der Stelle umsehen, die ich in meinem jetzigen Unternehmen nicht habe. Ich sollte mir innerlich mehr zutrauen und mutig vorangehen. Ich sollte mehr an mich glauben.

Wenn diese Antwort nicht ausreichend ist, werde still und schau um Dich herum. Was nimmst Du wahr? Beschreibe Deine Umgebung und übersetze es in die höhere Frequenz!

Ich sehe mein Handy, das gerade gepiepst hat; eine leere Flasche Wein und Briefklammern auf dem Tisch. Neben mir steht eine leere blaue Schale mit nur einem Schokokeks drin – der letzte. Ich sehe zwei volle Gläser Wasser, die ich seit gestern nicht angerührt habe. Doch, jetzt! Es tut gut zu trinken!

Nur Alkohol kann ja auch nicht die Lösung sein. Ab wann ist man eigentlich Alkoholiker? Wenn man jeden Tag ein Glas Wein trinkt? Und was ist mit einer halben Flasche? Wo bin ich eine Flasche? Bin ich etwa feige?

Oder bin ich einfach nur leer? Also, wenn ich die leere Flasche bin – nehmen wir nur mal an, das wäre so –, warum lasse ich sie dann hier stehen und entsorge sie nicht? Oder hole mir eine neue?

Die Klammern, irgendwie nerven die gerade. Woran klammere ich mich noch?

Mein Wohnzimmertisch ist inzwischen ein Bürotisch! Alles stapelt sich hier. Also wenn ich dieser Wohnzimmerschreibtisch bin – nehmen wir nur mal an, das wäre so –, dann sollte ich vielleicht gar nicht mehr ins Büro gehen, sondern zuhause arbeiten?

Mache ich doch gerade. Ich sitze hier und schreibe meine Erwartungen runter. Und was ist mit dem einsamen Keks aus Schokolade? Ja, ich liebe Schokolade. Wo bin ich dieser Keks und liege hier rum und niemand nimmt mich? Aber was, wenn ich ihn jetzt nehme und einfach reinbeiße?

Dann bin ich glücklich.

Jetzt bemerke ich erst, dass es bereits dunkel geworden ist. Ich muss eine Kerze anzünden. Hm, wenn ich die Kerze bin – nehmen wir nur mal an, das wäre so –, was soll jetzt gesehen werden? Mein Zuhause. Und wenn ich mein Zuhause bin, was ist dann die Beförderung?
Ich fördere und fordere mich! Ja, meinen Job kann ich gut. Also warum dann noch für jemand anderen arbeiten und nicht für mich selbst?
Und jetzt sehe ich es. Auf meinem alten Sekretär liegt noch eine Schachtel »Mon Chérie«. Ich glaube das jetzt nicht. Da steht: »Knackig, fruchtig, probier ich«. Ja, wenn das mal nicht die Antwort auf meine Frage ist!

Nun hast Du gesehen, wie spielerisch Du in der höheren Frequenz die Antwort auf all Deine Fragen erhältst. Und sie kommt Dir als ein Gefühl. Du erkennst es daran, dass es sich rund, warm und leicht hüpfend anfühlt.

Ja, aber beim nächsten Beispiel wird es schon komplizierter. Wie soll man denn liebevoller mit sich selbst schlafen?

Probiere es einfach aus. Du wirst sehen, es funktioniert immer.

Also gut.

Ich bin die Veränderung meiner Erfahrungswelt und verantwortlich für meine Wahrnehmung.
Ich entscheide, mich jetzt in eine höhere Frequenz anzuheben.
Ich bin Liebe und schaue in Liebe auf die Situation.
Wie sollte ich liebevoller mit mir schlafen?

Ich verbinde mich mit meiner inneren Weisheit und harmonisiere mich mit der eben gestellten Frage und Antwort, wie sie auch immer aussehen mag.
Und weil ich entschieden habe, ist es geschehen!

Wie könnte hier die Antwort aussehen?

Ich sehe Kissen und eine Kuscheldecke auf der Couch. Augenblicklich werde ich müde und würde gern ein Nickerchen machen. Ich sehe das Handy neben mir. Es ist schwarz – wie die Nacht. Stimmt, ich bin bis spät noch im Netz und google nach allen möglichen Dingen. Und wenn ich das schwarze Netz bin – nehmen wir nur mal an, das wäre so –, wo habe ich im Innern noch zu viele Dinge, die mich beschäftigen?
Ich schlafe nicht wirklich gut, das weiß ich. Immer wieder wache ich auf. Welcher Teil in mir sollte mehr schlafen? Und was ist mit Sex? Ich habe keine Lust auf Sex, weil ich nicht abschalten kann. Ja, ich habe keine Ruhe. Und wenn ich mit mir schlafen soll, warum gebe ich mich nicht hin? Weil ich zu beschäftigt bin? Aber beschäftigt mit was?
Soll ich allein schlafen? Aber das will ich auch nicht. Welcher Teil in mir will nicht mit mir selbst schlafen? Wo fühle ich mich nicht liebenswert? Wovor fürchte ich mich? Davor, die Kontrolle zu verlieren? Wahre Nähe herzustellen? Warum? Welches Gefühl meide ich?
Mit welchem Teil in mir mag ich nicht in Berührung kommen?

Jetzt bist Du bereit für die neue Erfahrungswelt. Bisher ungeahnte Möglichkeiten werden sich Dir auftun. Du bist Schöpfer in der Verantwortung für all Deine Schöpfungen, und da Du Dich nun in Deiner Autorität erkennst, gibst und empfängst Du im selben Maße. Im Falle der gewünschten Beförderung könnte das zum Beispiel eine Schachtel Pralinen mit anerkennenden und »befördernden« Worten für den Vorgesetzten sein. Oder Du kuschelst Dich in die weiche Decke und genießt die wohltuende Wärme. Und wenn Du die Wärme bist – nehmen wir nur mal an, das wäre so –, mit wem oder was würdest Du diese jetzt teilen?

Du entscheidest.

XIX

Wie lerne ich loszulassen, was jetzt gehen will?

Es geht nicht darum, etwas oder jemanden loszulassen, sondern »es will geschehen«. Mit anderen Worten, Du gibst frei, wer oder was sich aufgrund einer niederen Schwingung nicht in die höhere Frequenz anheben lässt. Das Wort »loslassen« wird in Deiner Erfahrungswelt als Verlust gedeutet, weil Du in der Vergangenheit etwas oder jemanden verloren und dadurch Mangel gefühlt hast. Doch da wusstest Du noch nicht, dass jener Mangel bereits in Dir existierte und durch diese Erfahrung nur bestätigt wurde.

Sobald Du erkennst, dass Du der Schöpfer Deiner Erfahrungswelt bist – auch jenes Umstandes, verlassen zu werden –, kannst Du nicht mehr leiden. Dein Wissen darüber, wer Du in Deiner Verantwortung bist, hebt Dich automatisch in eine höhere Frequenz und ermöglicht Dir, in jeder Situation die enthaltene Gelegenheit für Entwicklung zu sehen.

Solange Du jedoch in dem Glauben verhaftet bist, Du seist abhängig von den Entscheidungen anderer, vermehrst Du Angst und kannst nicht vorangehen.

In dem Moment, wo Du die Verantwortung für Deine Schöpfungen bewusst übernimmst, bist Du auch ehrlich zu Dir selbst und zu den Menschen in Deiner Erfahrungswelt. Angst hingegen lässt Dich lügen, und Lügen haben – wie ein weiser Spruch sagt – kurze Beine. Früher oder später wird sich die Auswirkung in einem Umstand von Täuschung zeigen und Du wirst ihr erneut begegnen. Doch was sind Lügen? Du lügst, weil Du Angst hast, etwas zu verlieren, was Du meinst, zu besitzen oder unbedingt zu brauchen. Du lügst, um etwas zu bewahren, womit Du Dich identifiziert hast.

Wir geben Dir ein Beispiel.

Du begegnest einem Menschen und er oder sie fragt Dich, wie es Dir geht. Und ohne wirklich in Dich hineinzufühlen, antwortest Du mit »gut«. Es mag sich vielleicht anfühlen wie eine ehrliche Antwort, doch ist sie in ihrer Tiefe eine Lüge, wenn es nicht Deinem wahren Befinden entspricht.

Aber warum sollte ich jedem erzählen, wie es mir wirklich geht? Das geht doch niemanden etwas an, besonders nicht auf Arbeit oder im Laden um die Ecke.

Bleiben wir mal bei Dir und nicht, was Du meinst, was jemanden etwas angeht oder nicht. Nehmen wir nur mal an, es wäre so, und jemand ist wirklich an der ehrlichen Antwort interessiert. Dann enthältst Du ihm nicht nur die Wahrheit, sondern gibst etwas vor zu sein, was Du nicht bist. Und weil Du Dich und Dein Gegenüber mit einer Lüge in einer niederen Frequenz hältst und Euch beide eines wahren Austausches beraubst, verleugnest Du Dich selbst.

Erst wenn Deine Worte in jedem Augenblick wirklich Deinem inneren Zustand entsprechen, wirst Du die höhere Frequenz halten und Dich mit neuen Möglichkeiten verbinden können.

Du lügst, weil Du Dein Gesicht nicht verlieren willst – das schöne Bild von Dir, das Du der Welt zeigst. Würdest Du jedoch nicht fürchten, komisch angesehen oder gar abgelehnt zu werden, könntest Du sagen, wie es Dir wirklich geht. Aber in der Tiefe willst Du selbst nicht annehmen, in welchem Zustand Du Dich befindest. Du magst nicht in Dich hineinschauen und dadurch erkennen müssen, wie einsam, traurig oder überfordert Du Dich gerade fühlst. Nur der Mut, sich selbst zu fühlen und dorthin zu sehen, wo Du gerade stehst – mit ganzem »Inhalt«, der Du bist –, lässt Dich ehrlich sein. Sobald Du Dich als Schöpfer erkennst, kannst Du nicht mehr lügen. Und weil Du weißt, wer Du in Deiner Autorität und Verantwortung bist, ermächtigst Du andere, es auch zu sein. Sonst begegnen sich immer nur falsche Selbstbilder, die voreinander etwas verbergen. Und das ist meist die Angst, abgelehnt, ausgeschlossen, ausgelacht, verpönt, verspottet, kritisiert, beurteilt, unangenehm oder tief berührt zu werden.

Aber da Du der Schöpfer all Deiner Schöpfungen bist, erschaffst Du genau das mit Deinen Lügen, denn Dein Informationsfeld lügt nie. Unbewusst oder bewusst wird immer alles wahrgenommen, und Dein Gegenüber reagiert nur Deinem Zustand entsprechend. Du empfängst immer, was Du bist! Und in diesem Fall ist es eine Lüge!

Doch kommen wir zurück zu Deiner Frage. Lebst Du in innerer Übereinstimmung mit Deinen Schöpfungen, also in der Annahme Deines »Inhalts«, dann geht Dein Befinden jeden etwas an, dem Du begegnest. Du musst ja nicht gleich alles erzählen, was Dich bewegt, doch wenn Du gefragt wirst, sei ehrlich. Anstatt »gut«, kannst Du ja auch antworten: »Ich befinde mich in einer Veränderung, und das ist, wie es ist!« Das schnelle »gut« ist wie ein harter Zuckerguss, der Dich in einer niederen Schwingung hält und Dich unbeweglich macht.

Hier ist ein Beispiel.

Deine Anhebung in eine höhere Frequenz durch dieses Buch zeigt sich in Deinem Inneren mit einer gefühlten Erkenntnis, und plötzlich nimmst Du einen Konflikt ganz anderes wahr. Du bist jetzt wertfrei und übernimmst Verantwortung für Deine Schöpfung, indem Du liebevoll und klar Deinen »Inhalt« mitteilst und weißt, dass Du – wie auch immer die Reaktion Deines Gegenübers sein mag – sicher bist. Sicher, weil Du Deine Verantwortung übernommen hast und dadurch in Deiner Autorität handelst und sprichst. Womöglich führt das Gespräch zu einer Trennung und zu Herausforderungen, die Du nicht erwartet hast, doch es wird sich alles der neuen Frequenz entsprechend entwickeln – vorausgesetzt, Du schaust in Liebe auf die Situation und sagst:

Ich bin die Veränderung meiner Erfahrungswelt und verantwortlich für meine Wahrnehmung.
Ich entscheide, mich jetzt in eine höhere Frequenz anzuheben.
Ich bin Liebe und schaue in Liebe auf die Situation.
Ich verbinde mich mit meiner inneren Weisheit und harmonisiere mich mit meinem neuen Weg (oder der neuen

Herausforderung), wie er (sie) auch immer aussehen mag!
Und weil ich entschieden habe, ist es geschehen!

Bei allem was geschieht, wisse: Es gibt nie einen Schwierigkeitsgrad in der nächsthöheren Frequenz. Wenn Du Dich in eine höhere Frequenz anhebst, dann empfängst Du genau das, was Du in diesem Moment bist. Das Problem ist längst gelöst, auch wenn Du es nicht sofort siehst. Deine Ehrlichkeit beschleunigt Deine Entwicklung und bahnt den Weg. Und der verläuft nicht eben.

Je nachdem, wie stark Du vorher mit einem Menschen, einem Wesen oder einer Sache verhaftet warst, das Lügenkonstrukt wird manchmal auch mit großer Wucht und einem lauten Knall gesprengt. Und das ist weder gut noch schlecht, sondern einfach wie es ist. Doch die Veränderung kann auch harmonisch verlaufen.

Wie gesagt, Lügen basieren auf Angst, und was aus der Angst gebaut und entstanden ist, muss immer um Sicherheit bangen. Der Schein mag noch so hell sein und die Burg mehr als prächtig, aber wenn der erste Stein porös ist, fällt sie zusammen, sobald Du Dich in eine höhere Frequenz anhebst. Und übrig bleibt Freiheit. Die Freiheit, klar zu sehen, was jetzt geschehen will.

Du fürchtest immer nur Verlust einer Existenz, mit der Du Dich identifiziert hast. Eine Existenz, die Du in einer niederen Frequenz zu haben glaubst.

Womöglich verabschiedet sich jetzt der Partner, das schnelle Auto oder das schöne Haus, aber in der höheren Frequenz erschaffst Du Neues. Vielleicht etwas oder jemanden, den Du noch nicht kennst, aber mit Sicherheit lieben wirst. Lieben, weil Du die Liebe bist.

XX

Kann ich mit allem und jedem in Harmonie sein? Und das immer?

Die Herausforderungen werden glücklicherweise nicht aufhören. Bisher noch unerkannte Übertragungen aus tieferen Schichten der Kern- und Ahnenfamilie zeigen sich weiterhin durch verschiedene Stellvertreter wie enge Freunde, Vorgesetzte, Kollegen, Nachbarn, Partner oder auch Institutionen. Du wirst es mit Sicherheit schnell erkennen. Vertraue einfach darauf, dass alles, was sich in Deiner Erfahrungswelt zeigt, immer Deiner Entwicklung dient. Und wie bedrohlich ein Konflikt auch aussehen mag, in der höheren Frequenz wirst Du die Wahrheit dahinter sehen.

Leben ist ein Prozess, und die Anhebung in eine höhere Frequenz braucht stets eine gewisse Eingewöhnung. Du bist hier, um Dich unaufhörlich zu verändern, und es wird noch viele Gelegenheiten geben, die Dich auffordern, in Liebe zu schauen. Denn sobald Du die Grenze Deines jetzigen Bezugsrahmens überschreitest, wird sich der nächste auftun. Du bist Schöpfer und Schöpfung von etwas viel Größerem, als Du in Deiner Frequenz gerade wahrnehmen kannst. Du wirst immer wieder Herausforderungen zu meistern haben, nur in anderen Erfahrungswelten. Und welche das sind, entscheidest Du.

Deine Herkunftsfamilie in Dir zu harmonisieren ist nur der Anfang. Von jetzt an bewegst Du Dich bewusst in Themenfeldern, die Du als individuelle Aufgabe in diesem Leben zu klären hast. Hierdurch wird Dir auch Dein Wirken im Kollektivprozess zum Wohle aller bewusst.

Wenn Du Deine Frequenz immerfort anhebst, erweitert sich Dein Bewusstsein und Du nimmst Dinge wahr, die Dir vorher entgangen sind – unter anderem körperlose oder außerirdische Wesenheiten. Ja, Du hast richtig verstanden. Es gibt alles, was Du für möglich hältst. Wenn Du Dich mit einer bestimmten Information verbindest, hat das immer einen Grund – und zwar, dass diese Information längst in Dir existiert und Du unbewusst aus ihr heraus dieselbe erschaffen hast.

Aber nur weil Du noch nie solch eine Wesenheit gesehen hast, bedeutet das nicht, dass es sie nicht gibt. Wenn Du Dich entscheidest, sie für möglich zu halten, wird Deine Erfahrungswelt es bestätigen.

Und nehmen wir einmal an, plötzlich tauchen immer mehr Berichte über untergegangene Zivilisationen und Götter, die vom Himmel kamen, in Deiner Erfahrungswelt auf, und Du kannst oder willst das nicht glauben. Dann sei Dir auf jeden Fall gewiss, dass diese Informationen – auch wenn es Dein Verstand verneint – mit Dir zu tun haben und Dich auf etwas in Dir hinweisen.

Schon bald wirst Du über die als irdisch bezeichnete Erfahrungswelt hinausgelangen und eine universelle betreten, die die Existenz außerterrestrischer Lebensformen bezeugt. Und schaust Du dann in Liebe auf diese Begegnung, erkennst Du Dich auch in ihnen.

Doch Du entscheidest, welche Wahl Du triffst. Du bist verantwortlich für die Schöpfungen in Deiner Erfahrungswelt – Deines Universums.

So ist zum Beispiel ein Forscher, der sich mit noch unbekannten Planeten beschäftigt, bereits in seinem Innern mit ihnen verbunden und kann sich deshalb auch ihrer Existenz bewusstwerden. Und indem er die Größe und Weite des Alls für möglich hält, bezeugt er damit seine eigene.

Okay, nehmen wir einmal an, das wäre so. Warum sind dann den Ureinwohnern jene Götter aus dem Himmel erschienen und nicht uns?

Du fragst, weil sie Dir noch nicht erschienen sind. Aber viele von Euch bestätigen solche Begegnungen. Der Unterschied zu Dir ist deren Frequenz, denn sie meinen nicht zu wissen, sondern sind frei zu empfangen. Du hingegen willst die Erscheinungen in Deiner Erfahrungswelt – also Deine Schöpfungen – bestimmen, um das Gefühl von Sicherheit zu wahren.

Hier ein Beispiel.

Ein Mann spricht von Außerirdischen, ohne sich bewusst zu sein, dass er selbst einer von ihnen ist. Und weil er noch nicht die Verantwortung für seine Schöpfungen übernommen hat, stößt er auf Ablehnung. Anders gesagt: Weil er sich seiner selbst nicht bewusst ist, werden seine Worte angezweifelt. Und dann ärgert er sich über die Ignoranz der Menschen, die ja auch nur seine eigene bezeugt und sein »Inhalt« ist. Kurz gesagt: Da er sich selbst nicht sieht, kann er auch andere nicht in Liebe sehen!

Warum sollte man sich selbst nicht sehen wollen?

Weil dann der gewohnte Bezugsrahmen mit dem Konzept vom eigenen Wissen aufgegeben wird. Und das verunsichert. Doch Unsicherheit ist eine Illusion, und es fühlt sie nur jener, der sich seiner selbst nicht sicher ist. Sicher bist Du immer in Deinem Wissen über die Verantwortung für all Deine Schöpfungen. Erfährst Du jedoch Leid, dann hältst Du an etwas fest, was jetzt freigegeben werden will. Und solange Du festhältst, bist auch Du nicht frei.

Also woran hältst Du noch fest? Traue Dich, diese Frage zu stellen!

Sage jetzt:

Ich bin die Veränderung meiner Erfahrungswelt und verantwortlich für meine Wahrnehmung.
Ich entscheide, mich jetzt in eine höhere Frequenz anzuheben.
Ich bin Liebe und schaue in Liebe auf mein unbewusstes und bewusstes Festhalten.
Woran halte ich noch fest?
Ich verbinde mich mit meiner inneren Weisheit und harmonisiere mich mit der eben gestellten Frage und Antwort, wie sie auch immer aussehen mag.

...

Oh, es ist unglaublich. Gerade erhalte ich die Nachricht von einer Freundin, dass sie auf dem Weg ins Krankenhaus ist, um dort ihren Vater zu verabschieden. Die Ärztin hat angerufen und gesagt, es gehe mit ihm zu Ende. Bin ich etwa auch davon die Schöpferin? Was genau stirbt gerade in mir?

...

Ich bin die Veränderung meiner Erfahrungswelt und verantwortlich für meine Wahrnehmung.

...

Ja, trau Dich, trau Dich, trau Dich!

XXI

Wie komme ich ins wahre Herzgefühl? Mein Verstand mischt sich immer ein.

Ganz gleich, welche Frage Dich beschäftigt, die Antwort erhältst Du nie auf der Ebene der Frage.

Merke Dir:

Die Absicht, die Antwort zu finden, verhindert eben genau diese. Sie wird immer nur in einer höheren Frequenz empfangen!

Also machen wir eine weitere Übung. Am besten bittest Du Dein Gegenüber, wer auch immer das sein mag, sie stellvertretend für Dich durchzuführen und Du beobachtest einfach nur, was passiert. Einen Stellvertreter zu wählen, hat den Vorteil, dass Du Deinen Verstand zurücknehmen kannst und nur Beobachter bist. Sei Dir jedoch bewusst, dass auch die Wahrnehmung Deines Gegenübers immer mit Dir zu tun hat. Schau daher genau hin und fühle in Bezug auf die gestellte Frage, worin die anfängliche Schwierigkeit des bewussten Fühlens besteht. Weil Du Dein Gegenüber jetzt bewusst als Lernhilfe einsetzt, lernst Du als Schöpfer in Deiner Autorität. Fordere daher jetzt Dein Gegenüber auf, folgende Frage laut auszusprechen.

Wie komme ich ins Herzgefühl?

Und nun lass Dein Gegenüber laut sagen:

Ich bin die Veränderung meiner Erfahrungswelt und verantwortlich für meine Wahrnehmung.
Ich entscheide, mich jetzt in eine höhere Frequenz anzuheben.
Ich bin Liebe und schaue in Liebe auf mein Herzgefühl.

Ich verbinde mich mit meiner inneren Weisheit und harmonisiere mich mit der eben gestellten Frage und Antwort, wie sie auch immer aussehen mag.
Und weil ich entschieden habe, ist es geschehen!

Bitte Dein Gegenüber, sich absichtslos umzuschauen und ohne Wertung zu beschreiben, was er/sie wahrnimmt.

Es kommt:

Ich sehe einen alten Schrank mit einer Schublade und zwei großen Schranktüren, die geschlossen sind. Ich stehe neben dem Wasserfilter und fülle gerade Wasser in eine Karaffe. Ich sehe Karotten im Korb.

Jetzt bitte um eine Interpretation der wahrgenommenen Dinge mit dem Bewusstsein, dass alles Beschriebene Dein Gegenüber in einer anderen Form darstellt.

Es kommt:

Ich sehe da nichts. Ich sehe einen Schrank. Wie soll ich das interpretieren?
Hm, wenn ich der Schrank bin – nehmen wir nur mal an, das wäre so –, dann bin ich verschlossen, aber nicht abgeschlossen. Also jeder, der etwas aus dem Schrank haben will, kann ihn öffnen. Wenn ich der Schrank bin, wo befindet sich dann die große Schublade?
Also oben, im Kopf. Habe ich etwa ein Schubladendenken? Und wenn ich der Schrank bin, was befindet sich dann im Schrank?

Nicht viel, nur ein paar Kerzen und eine große Packung Taschentücher. Wofür stehen die Taschentücher?

Im Schrank befindet sich Traurigkeit, die ausgeweint werden will? Und was ist mit der Kerze?

Sie bringt Licht.

Es muss Licht in die Traurigkeit! Und das geschieht gerade, weil ich darauf schaue.

Gut, jetzt zum Wasser. Wo bin ich gerade das Wasser? Bedeutet das, ich soll Tränen fließen lassen? Wo lasse ich Wasser nur auf Knopfdruck raus? Wo bin ich der Filter? Was filtere ich? Meine Gefühle? Und wer ist der Knopfdrücker? Hm, jetzt fange ich an zu begreifen. Aber ich habe ja eben das Wasser in die Karaffe gefüllt. Heißt das, ich habe meine Gefühle jetzt wieder eingeschlossen?

Ja, weil ich später trinken will. Also ich dosiere meine Gefühle und kontrolliere sie damit. Ich sollte aufhören, mich durch mein Schubladendenken zu kontrollieren.

Halte ich damit etwa mich und die Traurigkeit gefangen? Verstehe.

Und hier die Karotten! Sie landen morgen in der Kürbissuppe. Also bin ich morgen Kürbissuppe, wenn ich meine Gefühle rauslasse und weine?

Wenn ich die Karotten bin – nehmen wir nur mal an, das wäre so –, dann bin ich ja Wurzelgemüse. Eines, das entwurzelt ist und nicht mehr in seinem ursprünglichen Lebensraum lebt. Und die Karotten sind eingepackt in eine Plastiktüte. Wo sind meine Wurzeln? Bei meinen Eltern?

Sie sind tot.

Bin ich etwa auch in Plastik eingepackt? Habe ich etwa auch eine künstliche Hülle? Wo wachse ich nicht mehr und werde stattdessen bald gegessen? Wie soll ich das verstehen?

Wenn ich meine Traurigkeit nicht rauslasse, dann werde ich daran sterben? Also wo halte ich mich nur noch künstlich am Leben, indem ich mich einpacke, abschirme und zumache?

Wenn ich die Abschirmung bin, vor was in aller Welt will ich mich schützen?

Verdammt ... ich spüre es.

Die Antwort ist immer an dem Ort, wo Du Dich befindest – wirklich immer. Und der Raum, der Dich umgibt, stellt die physische Form Deines »Inhaltes« im Außen dar.

Dieses Beispiel dient der Veranschaulichung, wie sich die Antwort zeigen kann. Hast Du die Schwierigkeit bemerkt? Wann begann es, auf der Gefühlsebene zu arbeiten? Wenn Du es nicht gespürt hast, lies die Sätze noch einmal durch. Wo regte sich ein Gefühl?

Bei »eines, das entwurzelt ist«.

Was meinst Du warum? Was genau ist an dieser Stelle passiert?

Ich kann es nicht beschreiben, aber irgendwie ging ein Feld auf. Ich konnte die Verbindung zu den verstorbenen Eltern fühlen und den Schmerz dahinter. Habe aber keine Worte dafür.

Du meinst die Trauer!

Ja, aber das Wort trifft es nicht. Es ging tiefer und weiter. Als stünde plötzlich das Leben still.

Genau. Jetzt hast Du es. Du bist in Berührung mit dem »Tod« in Dir – im Sinne von »leblos und unbeweglich« – gekommen. Und doch ist immer alles in Bewegung.

Ich muss weinen.

Dann weine!

Das Leben lesen zu lernen, ist Dein Schlüssel zu neuem Wissen in einer höheren Frequenz. Und dabei hilft es, Deine Wahrnehmungen ohne Wertung fließen zu lassen und laut auszusprechen. Am besten nimmst Du Deine Worte mit einem Tonbandgerät auf und hörst sie Dir danach noch einmal an. Vielleicht nicht sofort, sondern erst nach ein paar Minuten. Dann, wenn Du meinst, die Antwort empfangen zu haben, gibst Du die Frage frei. Und meistens kommt dann noch eine weitere Erkenntnis.
Eine andere Möglichkeit zum Üben ist das Schreiben. Schreibe ungefiltert alles auf, was kommt. Und lass auch hier den Stift ruhen, sobald Du eine Antwort empfangen hast.

Zum Verständnis:

Die Welt, die Du wahrnimmst, ist stets der Ausdruck Deines inneren Zustandes. Erscheint sie Dir bedrohlich, bist Du nicht in Deiner Autorität als Schöpfer.

Hier ist ein Bespiel.

Nehmen wir an, Du bist in der Stadt und Dich überkommt eine Frage. Sagen wir, sie lautet so:

Was hindert mich daran, meinen Job zu kündigen?

Jetzt stell Dir diese Situation vor und sage:

Ich bin die Veränderung meiner Erfahrungswelt und verantwortlich für meine Wahrnehmung.
Ich entscheide, mich jetzt in eine höhere Frequenz anzuheben.
Ich bin Liebe und schaue in Liebe auf die Straße (... oder Umgebung)
Ich verbinde mich mit meiner inneren Weisheit und harmonisiere mich mit der eben gestellten Frage und Antwort, wie sie auch immer aussehen mag.
Und weil ich entschieden habe, ist es geschehen!

Jetzt kommt:

Ich sehe das junge obdachlose Mädchen mit ihrem Schlafsack neben einem Einkaufswagen. Ich sehe die dunkle Unterführung und höre den Lärm der einfahrenden S-Bahn. Es ist November und sehr kalt. Ich sehe die Imbissbude und habe sofort den Frittiergeruch in der Nase. Ich mag diesen Ort nicht, die Menschen sind so ungepflegt.

Nun interpretiere, was Du wahrnimmst!

Wenn ich das obdachlose Mädchen bin – nehmen wir nur mal an, das wäre so –, dann habe ich kein festes Zuhause und schlafe auf der Straße. Dann wärme ich mich mit einem Schlafsack und transportiere meine Sachen in einem

Einkaufswagen. Wenn ich das obdachlose Mädchen bin, wo lebe ich dann zu sehr im Außen? Bin ich mehr damit beschäftigt, unterwegs zu sein, als bei mir selbst anzukommen? Welcher Teil in mir hat sein Zuhause auch nie gefunden oder sogar verloren? Ich fühle mich allein und ohne Schutz.

Wenn ich die Imbissbude bin – nehmen wir nur mal an, das wäre so –, wo schlinge ich auf die Schnelle noch Sachen in mich rein, die eigentlich nicht gesund für mich sind? Und wenn ich so unangenehm rieche, dann doch nur, weil ich innerlich stinkig bin. Aber worauf?

Wo bin ich ungepflegt? Wo achte ich mehr auf das Äußere als auf das Innere? Wann und wo habe ich in mir die Träume des kleinen Mädchens weggedrückt und der Dunkelheit überlassen? Welcher Traum war das?

Wenn ich das Geräusch der einfahrenden S-Bahn bin, was will hier endlich gehört werden? Warum warte ich darauf, mitgenommen zu werden, wenn ich doch selbst fahren und auch andere mitnehmen kann?

Wenn ich der Zug bin, wen lasse ich jetzt aussteigen?

Genau so entsteht der innere Dialog. Steckst Du mal fest, frage einfach weiter:

Wenn ich der/die /das … bin, wo bin ich genauso?

Und jetzt lass wirken, wirken, wirken.

XXII

Warum sperren wir uns gegen neues Wissen?

Alles ist immer vollkommen. Und wenn alles vollkommen ist, dann sind es auch die Menschen und Umstände in allen Frequenzen. Und fortschrittlich Denkende werden nur blockiert, weil sie selbst noch an sich zweifeln. Also brauchst Du Dich nur zu fragen, was Du an einer neuen Idee ablehnst? Aber wisse, es ist nicht die Idee, sondern was durch sie im Innern berührt wird.

Hier ist ein Beispiel.

Stell Dir vor, ein angesehener Arzt oder Physiker betritt den Raum. Wenn Du Dich von seiner Erscheinung unangenehm berührt fühlst und ihn deshalb ablehnst, wirst Du als Begründung alle Informationen heranziehen, die Du irgendwann einmal über ihn erhalten hast.
Inzwischen weißt Du, dass Du diese Informationen nur haben konntest, weil sie längst in Dir vorhanden waren. Daher musst Du nun herausfinden, was genau Dich stört.

Also gehen wir in die Tiefe. Nehmen wir an, dieser Mann spricht auch noch mit einer äußerst dominanten Stimme und berichtet von einer Sensation, die noch niemandem bekannt ist. Aber was er sagt, ist nicht nur, was Du hörst. Dein Unbewusstes nimmt noch sehr viel mehr wahr.

Jetzt stell Dir die Situation vor und frage Dich, was Dich stört.

Welche Eigenschaften stören mich an diesem Mann?

Die Antworten könnten so aussehen:

Er ist unhöflich und distanziert. Er grüßt nicht mal. Dann hat er so eine billige Tussi an seiner Seite. Ich kriege keine Luft, weil er so schnell spricht. Diese Informationsflut überfordert mich. Außerdem finde ich seine Präsentation viel zu langatmig und ausufernd. Als will er mit seinem Wissen protzen. Ein normal Sterblicher versteht hier gar nichts. Außerdem muss er ein Gauner sein. Es geht ihm nur ums Geld. Das haben mir schon viele gesagt. Er ist ein Abzocker, ja, so kommt es mir vor. Den nehme ich nicht ernst.

Sage jetzt:

Ich bin die Veränderung meiner Erfahrungswelt und verantwortlich für meine Wahrnehmung.
Ich entscheide, mich jetzt in eine höhere Frequenz anzuheben.
Ich bin Liebe und schaue in Liebe auf diesen Mann.
Wo bin ich genauso?
Ich verbinde mich mit meiner inneren Weisheit und harmonisiere mich mit der eben gestellten Frage und Antwort, wie sie auch immer aussehen mag.
Und weil ich entschieden habe, ist es geschehen!

Es kommt:

Mir kommt gerade ein kleiner Junge. Er hat ADHS und große Lernschwierigkeiten. Jetzt bemerke ich die vielen Rechtschreibfehler in der Präsentation. Es sind eigentlich auch zu viele Bilder und Informationen. Ich fühle mich überfrachtet.
Und wenn ich dieser Junge bin, nehmen wir nur mal an, das wäre so – wo bin ich wie er?

Wenn ich dieser kleine Junge bin, dann versuche ich doch auch nur, all mein Wissen mit einem Mal rüberzubringen. Dann habe ich viel Mühe und Energie aufgebracht, um die Schwächen, unter denen ich leide, zu verbergen. Also versuche ich mit Wissen, Größe, Stärke und seriösem Auftreten das zu bekommen, was ich so dringend brauche – und zwar geliebt, gesehen und anerkannt werden!

Nur dass ich mich selbst noch nicht anerkannt habe. Ich selbst hab den kleinen ADHS-Jungen mit Lernstörung nie in den Arm genommen. Ich selbst bin es, die ihm nicht erlaubt, so zu sein, wie er sich wirklich fühlt.

Wo habe ich noch Angst, ausgelacht, abgelehnt und ausgegrenzt zu werden?

Wenn ich mich selbst nicht sehe und fühle, wie könnten es andere tun? Ich habe so viel Wissen. Warum kritisiere ich mich selbst? Weil ich glaube, nie genügen zu können. Und weil ich mich im Geheimen immer noch ausgegrenzt fühle.

Frage Dich jetzt:

Was brauche ich gerade am dringendsten?

Und sage:

Ich bin die Veränderung meiner Erfahrungswelt und verantwortlich für meine Wahrnehmung.
Ich entscheide, mich jetzt in eine höhere Frequenz anzuheben.
Ich bin Liebe und schaue in Liebe auf mein dringendstes Bedürfnis.

Ich verbinde mich mit meiner inneren Weisheit und harmonisiere mich mit der eben gestellten Frage und Antwort, wie sie auch immer aussehen mag.
Und weil ich entschieden habe, ist es geschehen!

Es kommt:

Der kleine Junge will sich in der Tiefe seiner Wahrheit verstanden fühlen.

Jetzt verstehst Du. Was Du bei ihm ablehnst, ist ein Teil von Dir – wie von Deinem Sohn, Deinem Vater und Großvater –, der einst ein kleiner Junge war. Und im Erkennen Deines eigenen mühsamen Versuches, Dein Wissen anderen verständlich zu machen, aber Dich nie wirklich verstanden zu fühlen, begegnest Du diesem Mann wirklich. Jetzt, wo Du erkennst, dass dieser nicht gesehene Teil von Dir in seiner Verlorenheit vollkommen ist, kannst Du auch mit Liebe auf den hilflosen Jungen in Gestalt dieses Mannes schauen.

Du bist der Filmemacher und Du allein entscheidest über Deine Erfahrungswelt. Deine bewusste Absicht, die Wahrheit zu sehen, hebt Dich und ihn in eine höhere Frequenz und befreit damit Euch beide. Und er kann Deine Liebe spüren, selbst wenn Du nur einer von hundert oder mehr Zuhörern bist.

Zur Erinnerung:

Gib Deinem Gegenüber, was Du am dringendsten brauchst, und Du befreist Euch beide.

Auch Fortschritt und Wissen sind eine bewusste Entscheidung. Und Du hast die Kraft, Berge zu versetzen, indem Du Deine Frequenz anhebst und in Liebe auf alles schaust – überall und immer.

Merke Dir:

Die größten Entdeckungen der Menschheit wurden gemacht aus einem unbewussten Bedürfnis heraus, und dieses heißt: geliebt, gesehen und anerkannt werden!

Also findet jemand einen Weg, Wohnräume mit Licht zu füllen, dann deshalb, weil er sehen will. Macht jemand Musik, dann deshalb, weil er gehört werden will. Und Du fertigst Seelenlandkarten an, weil Du die Zusammenhänge verstehen willst.
Sobald Du begreifst, dass Du immer nur Dich selbst suchst und in jeder Begegnung, Berührung oder Information findest, dann bist Du die Frequenz, die es braucht, um Deine jetzige Erfahrungswelt für die nächste zu öffnen.

Du bist Schöpfer. Und Du allein musst das anerkennen!

XXIII

Ich war gerade im Wald und habe neue Erkenntnisse gewonnen. Es ist unglaublich, aber mit etwas Übung funktioniert das »Leben lesen« besser und besser. Ich habe den Dialog sogar auf Tonband aufgezeichnet.

Welche Erkenntnis hast Du gewonnen?

Während des Spazierganges bekam ich plötzlich Kopfschmerzen und wollte wissen, warum. Also fragte ich in den Raum: Was ist der Grund für meine Kopfschmerzen und warum fühle ich mich so kraftlos?

Und was ist passiert?

Ich sagte:

Ich bin die Veränderung meiner Erfahrungswelt und verantwortlich für meine Wahrnehmung.
Ich entscheide, mich jetzt in eine höhere Frequenz anzuheben.
Ich bin Liebe und schaue in Liebe auf meine Kopfschmerzen und Kraftlosigkeit.
Ich verbinde mich mit meiner inneren Weisheit und harmonisiere mich mit der eben gestellten Frage und Antwort, wie sie auch immer aussehen mag.
Und weil ich entschieden habe, ist es geschehen!

Und es kam:

Ich sehe Laubblätter am Boden. Es ist feucht, aber nicht nass. Ich höre das Rauschen der Autobahn im Hintergrund und gehe in meinen Gummistiefeln durch den Wald.

Meine Hündin Amy legt mir immer wieder ihren Ball vor die Füße, und eigentlich will sie ihn mir überhaupt nicht geben. Sobald ich mich bücke und nach ihm greife, schnappt sie ihn weg. Erst wenn ich meinen Fuß draufstelle und ihn wirklich beanspruche, weicht sie zurück. Dann muss ich noch mit dem Finger zeigend sagen: Bleib! Erst dann respektiert sie, dass ich jetzt den Ball in Besitz nehme.

Manchmal schaut sie zur Seite, legt ihn auf den Weg und tut so, als würde er sie überhaupt nicht mehr interessieren. Doch ihr entgeht nichts. Sie bekommt alles mit.

Erhobenen Hauptes wackelt sie schwanzwedelnd voraus. Die Ohren sind vor Freude gespitzt. Als würde sie den ganzen Wald beanspruchen.

Ich sehe abgebrochene und dünne Bäume. Ihr buntes Laubkleid liegt auf dem Boden. Sie sind kahl und wirken müde – wie stille Zeugen.

Ein Vogel zwitschert, und mit dem Rauschen des Laubes vermischt ergibt es eine wunderschöne Melodie. Moos wächst auf den morschen Baumstämmen, die weiter drin im Dicklicht liegen.

Jetzt sehe ich zwei Pfeile – mit weißer Kreide an einen Baum gezeichnet. Einer zeigt geradeaus und der andere senkrecht nach oben. Sie weisen beide in eine Richtung und doch führen sie in zwei verschiedene Dimensionen. Ich stehe an einem kleinen Abhang, der Beginn eines Weges über Wurzeln, die sich leicht aus dem Boden wölben. Stehe ich auch gerade auf einer höheren Ebene? Warum fühle ich mich dann so erschöpft?

Oh, jetzt merke ich mein rechtes Knie wieder. Es schmerzt.

Und jetzt sehe ich einen weiteren Pfeil hier unten am Baum, der zeigt den Weg zurück – nach oben.

Hm, den Weg zurück? Und da ist noch ein Pfeil. Er ist rosa und zeigt weiter geradeaus!

Ich glaube, ich erhalte gerade ganz klare Zeichen. Im Stamm des Baumes neben mir befindet sich ein Loch. Was ist in diesem Loch?

Ich fasse rein. Da ist nichts drin. Was hat dieses kleine Loch zu bedeuten?

Wenn ich dieses Loch bin, dann bin ich leer und nichts ist drin?

Gut, ich folge den Pfeilen … Stille … und ein paar Meter vor mir sitzt Amy. Sie schaut den Ball an, nicht mich. Sie fordert mich auf, den Ball zu beanspruchen – dass ich ihr Spiel mitspiele und den Ball in die Büsche werfe. Aber sie gibt ihn mir nicht, obwohl sie es eigentlich will. Das bedeutet …

Wo gebe oder sage ich, ich will diese Veränderung, aber weise sie zurück?

Wo beanspruche ich die Antwort als gegeben und komme dadurch nicht in die Freude? Wo verhindere ich, dass jemand in mein Leben kommt und mir den Ball zuspielt?

Wind! Ja, es kommt Wind auf, eine leichte Brise. Der Wald erwacht unter meiner Aufmerksamkeit. Vielleicht sogar durch meine Aufmerksamkeit?

Jetzt bewirft mich Amy mit Sand. Sie buddelt ein Loch. Da ist wieder das Loch!

Wo ist der Ball, Amy?

Wenn ich den Ball nicht beanspruche, verliert sie das Interesse und lässt ihn einfach liegen. Ein anderer Hund freut sich. So ist das. Energie folgt immer der Aufmerksamkeit. Also was will mir das alles in Bezug auf meine Frage sagen?

Jetzt habe ich noch mehr Kopfweh.

Wenn ich die Amy bin, der Ball bin, der Pfeil bin, die abgeschnittenen Baumstämme bin ... Oh, jetzt merke ich, wie meine Beine schwer werden. Ich fühle mich kraftlos.

Wo beanspruche ich mein Leben nicht?

Jetzt finde ich den Ball nicht mehr. Amy, such den Ball!

Sein verdrecktes orangefarbenes Antlitz ist inmitten des Laubes nicht zu erkennen.

Wo beanspruche ich meinen Raum nicht? Wo beanspruche ich meinen Platz nicht, wenn ich doch irgendwo hier liege?

Wenn ich der Ball bin, dann werde ich von einem Hund hingelegt, damit mich jemand in Anspruch nimmt. Hm, was ist der Ball in mir? Wo ist der Ball in mir? Ist mein Ursprung womöglich ein ganz anderer?

Nehmen wir mal an, das wäre so, und ich bin der Ball! So rund wie die Erde, ein Planet – schon ein bisschen zerkaut. Woher stamme ich? Von wem wurde ich hergestellt?

Amy, wo ist der Ball?

Wo bin ich der Ball? Bin ich der Spielball von menschlichen und animalischen Kräften, von Wissen und Intuition? Bin ich selbst das Objekt, das Ziel? Wenn ja, warum? Und warum beanspruche ich mich noch nicht?
Wo ist der Ball, Amy? Los, such ihn!

Jetzt müssen wir den Ball suchen. Wo ist der Ball, Süße? Such!
Amy, geh da rein!

Mein Raum, wenn ich ihn beanspruche... Was suche ich? Ich habe ihn verloren, diesen Ball; diesen Platz; das, worum es geht; mein Erbe, weil ich mich selbst nicht in Anspruch nehme. Oh, jetzt habe ich Zahnschmerzen! Wo beiße ich nicht zu? Was ist mit meiner Beißkraft?
Amy, komm, wir suchen! Aber finden? Ja, wir suchen gemeinsam. Ich entscheide jetzt, diesen Ball – das Zentrum in mir – wiederzufinden.
Wir laufen ins Dickicht. Jetzt kratze ich mich an einem Ast. Und die animalische Instinktnatur geht voraus.
Amy, wo ist der Ball?

Wir finden ihn nicht mehr. Ich schaue ins dunkle Gestrüpp und sehe ihn nicht. Und doch weiß ich, dass er da ist.
Ich habe den Ball verloren, weil ich ihn nicht in Anspruch nahm. Aber ist er wirklich verloren? Nein, er liegt hier irgendwo. Ich weiß es.
Amy, such den Ball! Los jetzt, such!

Aber so wie es aussieht, haben wir ihn endgültig verloren.

Geh nochmal da rein, such den Ball!
Komm, wir gehen noch einmal gemeinsam gucken!
Was passiert jetzt ohne Ball? Mit Bedauern und leerer Schnauze weitergehen?

Oh, da ist er ... Fein gemacht, Amy! Du bist die Beste.
Jetzt, wo ich seinen Verlust innerlich angenommen habe, kommt Amy mit dem Ball.

Also, wenn ich all das bin, in welchem Lebensbereich habe ich einen Ball und spiele nicht mit ihm? Welcher Teil in mir ist nicht lebendig?

Ich entscheide, mich jetzt in eine höhere Frequenz anzuheben.
Ich bin Liebe und schaue in Liebe auf meine Leblosigkeit.
Ich verbinde mich mit meiner inneren Weisheit und harmonisiere mich mit der eben gestellten Frage und Antwort, wie sie auch immer aussehen mag.

Meine Beziehung! Mein Raum in dieser Beziehung mit diesem Mann. Der Grund, warum ich so sauer war. Der Raum, den ich bis heute nicht klar abgrenzen konnte. Der Igel, der mir auf der Autobahn begegnet ist und sagen wollte: Einrollen und Rückzug! Und ich hätte ihn beinahe überfahren. Deshalb bin ich wackelig auf den Beinen, fühle mich müde und ausgebrannt.

Wenn ich der Ball bin und auch der Hund, der ihn in der Schnauze hält, was gebe ich nicht her?

Wo gebe ich nicht?

Wofür steht ein Ball?

Kinder, Hunde, Sportler ... spielen mit einem Ball!

Ist es das? Soll ich lernen, in einer Mannschaft zu spielen? Und wer ist die Mannschaft? Alle Menschen, die ich sehe? Menschen, die in meinem Leben sind?

Ich höre das Klopfen eines Spechtes. Ja, da hämmert was. Aber ich komme einfach nicht ran. Ich komme nicht zur Antwort.

Doch, ich komme ran. Und weil ich es entschieden habe, ist es geschehen.

Ich entscheide, mich jetzt in eine höhere Frequenz anzuheben. Ich bin Liebe und schaue in Liebe auf die Situation.

Ich verbinde mich mit meiner inneren Weisheit und harmonisiere mich mit der eben gestellten Frage und Antwort, wie sie auch immer aussehen mag.

Und jetzt habe ich wieder den Ball aus den Augen verloren! Aber er ist irgendwo hier.

Und sie hat ihn wieder.

Ich soll meinem Instinkt mehr vertrauen. Mein Instinkt! Wenn ich meine Aufmerksamkeit bewusst auf etwas richte, dann beanspruche ich es als meine Wahrheit und damit kann ich dann spielen. Solange, bis sich ein neues Spiel ergibt.

Jetzt buddelt Amy schon wieder! Will sie etwa den Ball vergraben?

Er ist vielleicht verbuddelt – in mir?

Oh Mann, ich merke gerade, dass das hier extremer Denksport ist. Ich stretche gerade meinen Verstand … Nein, ich komme einfach nicht ran.

Frage: Was sehe ich?

Ich sehe einen leeren Kaffeebecher. Was mache ich damit? Nehme ich ihn mit? Ja. Ich habe ja noch eine Kackatüte. Ach, nein. Warum nehme ich ihn nicht mit? Warum lasse ich den Wald vermüllen?

Ich treffe jetzt eine klare Entscheidung und nehme ihn mit, um ihn später zu entsorgen.

So, eingepackt. Ich fühle mich besser. Wo war ich stehengeblieben?

Abgeschnittene Baumstämme, der Ball und Amy. Ich bin sicher, es wird mir noch gelingen. Amy will weiterspielen. Vielleicht geht es einfach nur darum, mit der Idee – den Frequenzen – weiterzuspielen? Immer wieder dieses eine Spiel, den Fokus darauf halten … hin und her … hin und her …

Jetzt buddelt sie wieder. Okay, ich beobachte!

Sie holt die kleinen Wurzeln raus und knabbert an ihnen. Jetzt tut mein Zeh weh. Die Stiefel sind viel zu eng. Wo laufe ich noch in viel zu engen Schuhen? Wo halte ich mich in einem viel zu engen Gedankenkorsett?

Ich werfe den Ball. Amy rennt hinterher und spielt damit. Das heißt, wenn ich der Ball bin, dann muss ich mich von einer anderen, höheren Kraft werfen lassen, damit andere mit mir spielen oder mich in Anspruch nehmen können. Vielleicht auch gar nicht mich, sondern das, was durch mich gelebt, gefühlt und gespielt werden will?

Soll das heißen, meine Kopfschmerzen, meine Schwäche und meine Energielosigkeit kommen daher? Weil ich mich nicht hergebe oder besser gesagt hingebe?

Ich lasse mich nicht verwenden. Ich begebe mich nicht wirklich ins Spiel – als Ball, Instinktnatur und denkendes Wesen.

Ich beziehe nicht alle Aspekte meines Seins mit ein.

Ich bin nicht offen und leicht, stürme nicht hin und her. Ich habe das Toben verlernt. Ich lebe nicht im Rhythmus des Lebens, nach den Gesetzen des Kosmos, der Erde, der Planeten, des Universums ... Ich will immer nur verstehen anstatt einfach nur Ball zu sein.

Jetzt kommt gerade ein ganzes Rudel Hunde! So viele Hunde. Und was macht Amy?

Sie legt den Ball vor ihre Füße, setzt sich hin, wedelt mit dem Schwanz, lässt sich beschnüffeln und wartet. Und dann steht sie auf, schnuppert zurück, nimmt ihren Ball und geht beschwingt weiter.

Wir danken Dir. Diese Veranschaulichung Deines inneren Dialoges zeigt deutlich, wie zäh und anstrengend manche Erkenntnisprozesse sind. Und

Du hast das genau richtig gemacht. Du bist am »Ball« geblieben. Besonders formgebundene Menschen haben mit dieser Sichtweise anfangs große Schwierigkeiten. Doch allein die Absicht, das Leben lesen zu wollen, wird es mit ein wenig Übung möglich machen. Das Wichtigste hierbei ist die Bereitschaft, immer wieder Fragen zu stellen und sie offenstehen zu lassen. Das Feld arbeitet dann, und es dauert so lange, wie es eben dauert.

Wichtig:

Die Antwort zeigt sich immer in Form einer gefühlten Ahnung mit beschwingter Gewissheit. Wenn Du sie berührst, dann nicht durch Verstehen der Worte oder der Objekte, sondern aufgrund ihrer spirituellen Entsprechung in Deinem Inneren.

XXIV

Jetzt hast Du erkannt, dass dieses Buch und die Arbeit mit den höheren Frequenzen Dein Ball sind. Was mit dem Filmemacher im »Du« begann, entwickelte sich zum »Wir«. Und Du bist jetzt nicht mehr nur ein Ich, sondern ein ganzes Kollektiv.

Du bist alles, was und wen Du wahrnimmst – Dein Sohn, Deine Mutter, Dein Hund, der Ball und ab sofort jeder und alles, womit Du in dieser Frequenz in Berührung kommst.

Das Haus, in dem Du lebst und aus dem Du noch vor wenigen Tagen ausziehen wolltest, bist Du. Und lädst Du niemanden ein, es zu betreten und dort zu feiern, dann bist Du diejenige, die die Frequenz dieser Zeilen nicht halten kann.

Schau genau hin, Du sitzt in Deinem Zimmer und Amy schaut Dich erwartungsvoll an. Aber was genau sollst du jetzt werfen?

Weiß nicht.

Es ist der Moment gekommen, wo Du dieses Buch wie einen Ball ins Leben hinauswerfen musst, damit das »Spiel« in der höheren Frequenz beginnen kann. Und was auch immer zurückkommen mag, es wird Dir und jedem Einzelnen dienen.

Mein Kopf steht unter Strom, ich bin zittrig. Aus meinem Innern steigt plötzlich das Bild meines Bauchnabels auf.

Das ist ja eine interessante Vorstellung. Beschreibe uns genau, was Du wahrnimmst.

Er ist nur ein Loch und von einer durchsichtigen Folie bedeckt. Ich sehe Wasser in meinem Bauch und drinnen schwimmen Würmer. Mich ekelt es!

Was glaubst Du, will Dir dieses Bild sagen?

Keine Ahnung.

Stell die Frage!

Nein, ich mag nicht fragen.

Warum nicht?

Weil ich die Antwort schon kenne.

Stell sie trotzdem!

Na gut.

Ich bin die Veränderung meiner Erfahrungswelt und verantwortlich für meine Wahrnehmung.
Ich entscheide, mich jetzt in eine höhere Frequenz anzuheben.
Ich bin Liebe und schaue in Liebe auf die Würmer in meinem Bauch.
Wer oder was in meinem Leben ist wie ein Parasit?
Ich verbinde mich mit meiner inneren Weisheit und harmonisiere mich mit der eben gestellten Frage und Antwort, wie sie auch immer aussehen mag.
Und weil ich entschieden habe, ist es geschehen!

...

Ach, siehe da, ausgerechnet jetzt ruft er an.

Wer ist er?

Mein Verflossener! Jener Mann, mit dem es nie richtig geklappt hat.

Magst Du rangehen?

Weiß nicht. Doch.

...

Was ist geschehen?

Er sagte, er schläft seit ein paar Tagen bei seiner Exfrau, und nachts kuschelt sie sich an ihn ran. Warum erzählt er mir das? Ich bin stinksauer. Dabei war ich nie eifersüchtig.

Magst Du es wirklich wissen?

Hm, ja.

Dann frage laut:

Was genau stört mich?

...

Ich bin die Veränderung meiner Erfahrungswelt und verantwortlich für meine Wahrnehmung.
Ich entscheide, mich jetzt in eine höhere Frequenz anzuheben.
Ich bin Liebe und schaue in Liebe auf die Situation.

Ich verbinde mich mit meiner inneren Weisheit und harmonisiere mich mit der eben gestellten Frage und Antwort, wie sie auch immer aussehen mag.
Und weil ich entschieden habe, ist es geschehen!

Es kommt:

Er hat mich jahrelang nur benutzt. Er hat mich immer nur angerufen, wenn er Geld brauchte oder ich ihm einen Gefallen tun sollte. Sexuell lief auch nicht viel. Ich war tatsächlich so naiv und glaubte, dass ich ihm irgendetwas bedeute. Ach, ich weiß auch grad nicht. Jetzt beschimpfe ich ihn per SMS: Du Heuchler, Lügner, Betrüger und Versager!
Ja, er ist ein widerlicher Versager, der bei Frauen bettelt und keine Verantwortung für sein Leben übernimmt. Er macht nur Sprüche und kriegt nichts auf die Reihe. Er manipuliert die Menschen, um an sein Ziel zu kommen. Er ist nicht ehrlich.

...

Boah, bin ich so widerlich?
Das ist hier nicht mehr feierlich. Ich will schreien und weinen gleichzeitig. Dieser Idiot war mal meine große Liebe. Ich hatte ihn zu meinem Gott gemacht, ihn angehimmelt und dabei mich selbst vergessen. Ich rannte ihm hinterher und es kam nie was von ihm zurück. Er wollte nie eine Beziehung, und ich Doofe habe es nicht wahrhaben wollen. Ja, ja, ich weiß, nehmen wir mal an ... bla, bla, bla.

Ich weine!

Sehr gut. Jetzt geh weiter rein und frage Dich:

Was erwarte ich von ihm?

Es kommt:

Er soll endlich kapieren, dass er seine Familie nie wirklich verlassen hat, sondern nur weggerannt ist, weil er sich selbst nicht begegnen wollte. Er will nicht ans Eingemachte! Er soll endlich hinschauen und erkennen, dass er gar nicht lieben kann. Er soll verdammt nochmal endlich für seinen Schatten die Verantwortung übernehmen und ihn nicht mehr auf andere projizieren. Er ist so ein armes Würmchen, das sich windet und schmarotzt. Er soll endlich kapieren, dass er für seinen Untergang selbst verantwortlich ist.

Mir ist schlecht.

…

Ich bin die Veränderung meiner Erfahrungswelt und verantwortlich für meine Wahrnehmung.
Ich entscheide, mich jetzt in eine höhere Frequenz anzuheben.
Ich bin Liebe und schaue in Liebe auf mein Gegenüber.
Wo bin ich genauso?
Ich verbinde mich mit meiner inneren Weisheit und harmonisiere mich mit der eben gestellten Frage und Antwort, wie sie auch immer aussehen mag.

Und weil ich entschieden habe, ist es geschehen!

Es kommt:

Wenn ich er bin, dann fühle ich mich wie ein Würmchen, das sich gerade irgendwo durchfrisst und sehr einsam fühlt. Okay, nehmen wir mal an, dass ich er bin – also ein Versager, ein Lügner und Heuchler. Wo verhalte ich mich genauso? Stimmt, ich habe auch Leute angerufen, als ich Geld brauchte.
Mist, ich habe eigentlich schon lange keinen Bock mehr auf Sex und traue mich nicht, es ehrlich zu sagen. Ich möchte einfach nur kuscheln, aber so eine Nähe macht mir Angst. Eigentlich will ich ihn gar nicht mehr sehen. Und trotzdem gehe ich immer wieder ans Telefon. Wo rufe ich nur an, wenn ich was brauche? Wo gehe ich nicht den nächsten Schritt und bleibe stattdessen ohnmächtig stehen?
Wo habe ich nicht wirklich geliebt und mich trotzdem eingelassen? Wo habe ich meine Bedürftigkeit nicht anschauen wollen? Wo habe ich ihn jahrelang nur benutzt und nicht wirklich beantwortet?

...

Ja, ich soll endlich kapieren, dass ich immer nur weggerannt bin, weil ich mir selbst nicht begegnen will. Ich will nicht ans Eingemachte! Ich soll endlich hinschauen und erkennen, dass ich gar nicht liebe. Ich soll endlich Verantwortung übernehmen und meinen Schatten nicht mehr auf andere projizieren.

...

Aber wer bin ich jetzt noch?

Es kommt:

Mir ist kalt. Ich sehe ein Bild mit einer Blume, auf der ein Schmetterling sitzt. Ich sehe ein Glas Wasser und ein großes Blumenmuster auf dem Teppich. Ich höre die Müllabfuhr. Am Fenster steht eine Kaktuspalme. Mein Sohn hat sie mir geschenkt – oben grüne lange Blätter und am Stiel stachelig. Auf einem Notizzettel steht: Abrechnung!
Mein Blick fällt auf ein Bild an der Wand. Stillleben. Ein Buch, eine Flöte und eine Rose. Da haben wir es wieder, die Stacheln am Stiel.
Wenn ich die Rose und der Kaktus bin, dann muss ich ja auch die Stacheln sein. Ich will nicht stacheln oder sticheln. Oder vielleicht doch?
Und wenn ich das Buch und die Flöte bin, dann ist das geschriebene Wort mein Stachel? Und was ist daran die Musik? Und da ist wieder der Gepard – auf dem Gemälde in der Ecke. Aber diesmal sind sie zu zweit. Sie sind ein Paar! Jetzt weine ich! Tränen.

…

Ich weiß, dass es kein Zurück gibt, wenn ich jetzt weiterschreibe. Wo stecke ich noch in alten Strukturen fest? Wo bin ich einer Illusion aufgesessen? Wo habe ich nur die Blüten – das Schöne – sehen wollen? Wo zeige ich nicht

meine Stacheln? Warum traue ich mich nicht, sie einzusetzen
– bei ihm nicht wirklich einzusetzen?
Ich sehe die Jalousie am Fenster. Wovor will ich mich schützen?
Vor der Sonne – dem Licht – der nächsthöheren Frequenz?
Jetzt weine ich wie ein Schlosshund …

An der Pinnwand hängt eine Karte. Darauf steht:
»Ginkgo biloba« – das zweigeteilte Blatt.
Ich bin überwältigt, weil das Gedicht von J.W. v. Goethe …
Jetzt wird es mir klar!
Also, wenn ich Goethe, der Schriftsteller, bin … Wenn
ich das zweigeteilte Ginkgo Biloba Blatt bin … und all die
geschriebenen Worte …

Nehmen wir nur mal an, das wäre so, …

… dann bin ich nicht nur dieses Gedicht oder dieses Buch,
sondern ein lebendiges Wesen, das sich in sich selbst getrennt
… und zwei, die sich erlesen, dass man sie als eines kennt!«

Lass es ein paar Tage
wirken …

... auch das Gedicht.

Ginkgo Biloba

Dieses Baumes Blatt, der von Osten
meinem Garten anvertraut,
gibt geheimen Sinn zu kosten,
wie's den Wissenden erbaut.

Ist es ein lebendig' Wesen,
das sich in sich selbst getrennt?
Sind es zwei, die sich erlesen,
dass man sie als eines kennt?

Solche Fragen zu erwidern,
fand ich wohl den rechten Sinn.
Fühlst du nicht an meinen Liedern,
dass ich eins und doppelt bin?

(Johann Wolfgang von Goethe 1815)

XXV

Wie geht es Dir?

Soweit ganz gut. Das Buch arbeitet weiter in mir, und das Leben schenkt mir täglich neue Übungsmöglichkeiten.

Welche zum Beispiel?

Eine verzweifelte Mutter hat sich an mich gewandt, weil ihr 28-jähriger Sohn seit Jahren das Haus nicht mehr verlässt.

Wie hast Du darauf reagiert?

Ich habe erstmal in Ruhe zugehört.

Was erzählte sie denn?

Naja, sie sagte, sein sehnlichster Wunsch sei, eine Freundin zu finden! Sonst gäbe es keinen Grund für ihn, vor die Tür zu gehen. Mit Fremden spricht er nicht und ans Telefon geht er auch nur, wenn seine Mutter oder die Großeltern anrufen. Andere Familienmitglieder oder Freunde gibt es nicht. Der Vater ist vor Jahren abgehauen und hat eine neue Familie gegründet. Seitdem besteht kein Kontakt. Früher schon fehlte ihm die Motivation, mit anderen Kindern zu spielen. Sie waren ihm egal. Ja, und nach der vierten Klasse hat er die Schule abgebrochen. Jetzt ist er nur noch von früh bis spät im Internet.

Und was machst Du jetzt damit?

Ich weiß noch nicht. Vielleicht ist dieser Fall eine Nummer zu hoch für mich.

Wie kommst Du darauf? Stelle einfach wie immer die richtige Frage! Komm, lass es uns gemeinsam tun!

Na, gut.

Ich bin die Veränderung meiner Erfahrungswelt und verantwortlich für meine Wahrnehmung.
Ich entscheide, mich jetzt in eine höhere Frequenz anzuheben.
Ich bin Liebe und schaue in Liebe auf diesen jungen Mann.
Wo bin ich genauso?
Ich verbinde mich mit meiner inneren Weisheit und harmonisiere mich mit der eben gestellten Frage und Antwort, wie sie auch immer aussehen mag.
Und weil ich entschieden habe, ist es geschehen!

Es kommt:

Wenn ich dieser junge Mann, aber auch seine Mutter bin, aus welchem Rahmen will und kann ich nicht raus? Wo benutze ich meinen Sohn, um das eigene Thema nicht anzuschauen?
Worüber will er, sie, ich nicht hinweg?
Welchen Nutzen hat diese Situation? Was ist die Absicht dahinter? Über wen oder was bin ich noch nicht hinweg?
Meinen Vater?

Ein verlorenes Kind? Bin ich dieses Kind? Warum ist es verschollen? War ich oder jemand von meinen Vorfahren im Gefängnis?

Wen kenne ich, der in einem Gefängnis ist oder war? Wo fühle ich mich gefangen?

Was will ich mit der Isolation vermeiden? Was bekomme ich durch die Isolation? Hilfe, Aufmerksamkeit und Liebe von meiner Mutter?

Wem möchte ich mich nicht so zeigen, wie ich wirklich bin? Warum möchte ich mich nicht zeigen und lieber im dunklen Kämmerlein sitzen? Wofür brauche ich das Internet?

Welche Ebene der Informationen zapfe ich an, um mich lebendig zu fühlen? Welchen Teil in mir kann ich nicht mit auf diese Ebene anheben? Die Mutter in mir?

Was bindet mich an sie?

Schuld, Pflichtbewusstsein, Angst, zu verlassen, weil ich mich selbst verlassen fühle?

Warum ist mein Vater abgehauen und nie wiedergekommen? Auf welcher Erfahrungsebene soll ich neue Kontakte knüpfen? Wie und mit wem soll ich eine Familie gründen?

Wo bin ich und die Menschen in meinem Leben genauso?

Es kommt:

Mein Vater hat mich auch alleingelassen und eine neue Familie gegründet.

Ich suche auch einen Freund. Einen festen, ehrlichen Freund – einen Seelengefährten.

Ich bin Mutter und habe einen Sohn, der manchmal auch sehr verschlossen ist. Und ich sitze seit Wochen in meinem Wohnzimmer und gehe kaum raus.

...

Bei wem gehe ich nicht gern ans Telefon?
Mir wird schlecht. Ich bemerke, was hier geschieht.

...

Dieser junge Mann ist meine Schöpfung, so wie seine Mutter ... und all ihre Aussagen betreffen mich selbst. Ja, es sind auch meine Themen.

Frage weiter:

Ich bin die Veränderung meiner Erfahrungswelt und verant-wortlich für meine Wahrnehmung.
Wenn ich der junge Mann bin, wo habe ich mir ein Gefängnis erschaffen?

Es kommt:

Ich lebe in einer Lüge, weil mein jetziges Leben aus einem Überlebensmodus heraus erschaffen wurde – versteckt hinter der geheimen Sehnsucht, geliebt, gesehen und anerkannt zu werden!

Ich wollte mir so sehr beweisen, dass ich in der Lage bin, erfolgreich zu sein und in einer schönen Villa zu leben, dass ich gar nicht bemerkt habe, wie ich mir Stein für Stein eine Mauer um mich herum errichtet habe. Und meine Herzschmerzen wollen mir genau das zeigen.

Und jetzt sitze ich in diesem »Schloss« und leide, weil ich die Frequenz nur anheben kann, wenn ich es loslasse – das Konstrukt einer Identität, die nicht echt ist. Und ich gerate in Streit, weil ich mich ohnmächtig fühle. Ich nehme gerade meine eigenen Widersprüche wahr und erkenne, dass ich selbst der Widerspruch bin. Ja, ich stecke fest, und der innere Druck wird immer größer. Und mich würde nicht wundern, wenn das Haus und die Arbeit mir in Kürze um die Ohren fliegen.

Ja, immer dann, wenn ein Selbstbild zerbricht, zerbricht auch die äußere Entsprechung – das schöne Haus, die Beziehung, die Arbeit, die ganze vertraute Erfahrungswelt, die Du in Bezug auf Deine Vergangenheit erschaffen hast. Sei dankbar, diese Selbstlüge erkannt zu haben und lasse nicht zu, dass sie Dich blockiert. Fahre zu diesem jungen Mann und schenke ihm Dein Herz! Ja, Du hast richtig verstanden. Schenke ihm Dein Herz, damit Ihr beide frei sein könnt!

XXVI

Na, wie war's?

Jetzt seid Ihr die Fragenden! Schon bemerkt?

Ja, und wir waren es von Anfang an. Schließlich sind wir Du.

Dann wisst Ihr doch auch, was geschehen ist.

Ja. Aber der Leser und die Leserin nicht.

Ah, verstehe. Nun, dann will ich es erzählen.

Als ich gestern Abend im vierten Obergeschoss eines Altberliner Mietshauses ankam, lächelte mich eine sympathische Frau Mitte Fünfzig an. Sie bat mich herein und wies mir den Weg in die Küche. Dort stand ein großer Holztisch. Sie setzte sich gefühlte drei Meter von mir entfernt, und ich ließ ihre Erscheinung auf mich wirken. Während sie erzählte, wanderte mein Blick immer wieder über die Bilder an der Wand. Und so kam mir plötzlich die Idee, mit ihnen zu arbeiten. Also bat ich sie, mir zu beschreiben, was sie auf ihnen sieht.

Es kam:

Ich sehe eine nackte Tänzerin im Sprung – wie ein Schmetterling, der fliegen will. Ich sehe Luft und Leichtigkeit. Auf dem anderen Bild sehe ich drei provozierende Mädchen. Sie sitzen mit gespreizten Beinen auf dem Bordstein und beißen lustvoll in einen Pfirsich. Man kann ihnen fast in den Schritt schauen. Ja, sie wissen genau, wie sie auf Männer

wirken – gespielt sexy, begehrend, mit einem lasziven Blick in die Kamera.
Als meine Mutter hier reinkam, sagte sie: »Dieses Bild geht gar nicht! Nimm es ab!«

Ich fragte: Kannst Du zwischen den Bildern eine Verbindung sehen?

Ich erkenne eine junge Frau, die das Tanzen liebt. Sie ist Tänzerin, hat jedoch irgendwann aufgehört, sich zu bewegen. Aber jetzt wagt sie den Sprung. Und das erfordert viel Mut, denn sie weiß nicht, wo sie landen wird. Sie will sich befreien, und durch den Sprung löst sich die harte Lehmkruste, die sie gefangen hält. Sie möchte sich ausleben und so ausdrücken, wie sie sich im Innern fühlt. Sie sehnt sich danach, wild und zügellos zu sein, ohne Angst vor Strafe oder Prügel.

...

Ich wurde viel geschlagen, so wie meine Großmutter. Da bin ich als Kind immer dazwischengegangen und habe versucht, sie zu beschützen.

Sie weinte. Und ich sagte behutsam:

Du bist die Veränderung Deiner Erfahrungswelt und verantwortlich für Deine Wahrnehmung.
Und Du bist all das, was Du hier siehst – auch Dein Sohn, der gerade nicht sichtbar ist, weil er sich im Zimmer nebenan eingeschlossen hat. Womöglich geht er ja nicht in die Welt

hinaus, weil er von Dir gesehen werden will und zwingt Dich deshalb, in dieser Wohnung zu bleiben?

Vielleicht will er ja, dass Du Dich selbst endlich siehst?

Nehmen wir nur mal an, das wäre so und Dein Sohn ist Dein Lehrer. Seit acht Jahren bleibt er freiwillig zuhause und nimmt an keinem äußeren Leben mehr teil, weil er von Dir bewusst wahrgenommen werden will. Und damit zeigt er Dir, dass es in Dir einen Teil gibt, den Du nicht anschauen magst. Stattdessen erfindest Du einen Liebhaber, dessen Familie nur Ärger macht, weil man eifersüchtig auf Dich ist. Dort schaust Du hin und beschwerst Dich. Aber nehmen wir nur mal an, das wäre so, und ein Teil von Dir ist genauso eifersüchtig und hegt noch einen unbewussten Anspruch. Welcher Teil könnte das sein?

Und dann kam es. Ich erkannte plötzlich, dass ich nur von mir sprach und fühlte, wie ich mir gerade selbst begegnete.

Ich bin die Frau, die nicht hinschaut und nach außen nur ein gekünsteltes Bild von sich zeigt. Ein Bild von Verständnis und Hilfe, aber in Wirklichkeit hatte ich nie einen Zugang zu meinem wahren Selbst. Mein Sohn sitzt wie ihr Sohn vor seinem Computer und taucht ab in eine virtuelle Welt. Und mein bester Freund ist auch dieser Sohn. Jahrelang saß er am Küchentisch und hörte sich als Partnerersatz die Klagen der Mutter an. Und nur, weil er geliebt, gesehen und anerkannt werden wollte! Bis heute!

So wie ich gerade vor dieser Mutter sitze. Eine Frau, die mir in diesem Moment wie ein Engel erscheint. Und ich höre mich sagen: Du hast Deine Gefühle weggesperrt. Du verführst die Männer in einer Art, dass sie süchtig nach Dir werden. Das ist aber keine Liebe, sondern Bedürftigkeit. Du bist diejenige, die all das kreiert hat und auf die Familie Deines Liebhabers projiziert ...

...

Hatte ich das Thema nicht erst vor wenigen Tagen? Seine Familie, zu der er immer geht! Nein, ich bin es, die nie von zuhause weggegangen ist. Ich hänge noch fest in einem festen Rahmen und lasse keine echte Nähe zu. So wie die Frau in der Küche ihre Bilder eingerahmt und damit versiegelt hat. Und jetzt sitze ich da, verstehe gar nichts mehr, und doch verstehe ich alles, während sie mir, ich ihr und mir selbst zuhöre.

...

Wenn ich all diese Bilder an der Wand und auch der vaterlose Junge hinter der verschlossenen Tür bin, dann bin ich auch mein Gegenüber, der wie mein Vater seine Frau verlassen hat. Und nehmen wir nur mal an, dass ich auch diese Frau und das Gefängnis bin, dann muss ich ja auch die verschlossene Tür sein.

Ich bin die Veränderung meiner Erfahrungswelt und verantwortlich für meine Wahrnehmung.

Ich entscheide, mich jetzt in eine höhere Frequenz anzuheben.
Ich bin Liebe und schaue in Liebe auf die Tür.
Und nehmen wir nur mal an, dass ich die Tür bin. Was muss
also passieren, dass sie sich jetzt öffnet?
Ich verbinde mich mit meiner inneren Weisheit und harmonisiere
mich mit der eben gestellten Frage und Antwort, wie sie auch
immer aussehen mag.
Und weil ich entschieden habe, ist es geschehen!

Und plötzlich wurde mir klar:

Es geht gar nicht darum, den jungen Mann aus dem Zimmer
zu holen und auch nicht darum, meinen Sohn oder mein
Gegenüber in irgendeiner Form zu retten. Nein, ich soll dieser
Frau und jedem einzelnen Menschen in meiner Erfahrungswelt
begegnen, um endlich jenes Gefängnis aus Glas zu sprengen,
indem ich einst von der Familie getrennt als Frühgeburt lag.

...

Ja, ich bin auch ein Kind, das keinen Vater hatte. Und jetzt
bin ich eine Mutter wie meine Mutter und diese Mutter, die
keinen Mann hat.
Nun begreife ich, warum ich so sauer war, als ich erfuhr, dass
er seit Tagen bei seiner Familie schläft. Er muss sich eben
kümmern, während ich hier allein bin – in meinem Gefängnis,
dem inneren Brutkasten – und mit Einsamkeit, Ohnmacht
und Starre konfrontiert werde.

Ich fühle Schmerz, Trauer … und Freude, denn ich habe plötzlich keine Angst mehr, verlassen zu werden. Verlassen von einem Vater … Freund … und Liebhaber, der nicht wiederkommt. Und das muss er auch nicht. Weil ich nun sicher bin

und einfach springe!

Als ich nach Hause kam, war es ruhig in mir. Mein Sohn kam mir gutgelaunt entgegen, umarmte mich und fragte erstaunt: »Wo ist Amy? Ich dachte, sie wäre mit Dir unterwegs?«

Gemeinsam liefen wir durchs Haus und suchten sie – vergebens. Doch plötzlich hörte ich ein zartes Winseln hinter der Tür zum Waschraum. Jemand hatte sie dort unbewusst eingeschlossen.

Was für eine Freude, als ich sie befreite. Aufgeregt sprang sie mich an, wedelte mit dem Schwanz und forderte mich bellend auf, ihr in den Garten hinaus zu folgen. Mein Herz hüpfte.

Ich öffnete das Tor zur Straße, machte bewusst einen großen Schritt über die Schwelle und wusste:

Es ist geschehen!

Nachwort

Ich sitze auf meinem kleinen Balkon. Zufrieden schaue ich über die Baumkronen hinweg und lasse meine Nase von der Sonne kitzeln. Hinter mir liegt eine lange Nacht, und die Erkenntnisse wuchsen aus den verschlungenen Wurzeln meiner Schattenthemen über meine Herkunftsfamilie und ihre mutigen Stellvertreter empor.

Jetzt weiß und fühle ich, was ich mein Leben lang gesucht habe – nämlich mich selbst. Und alles, was ich je gedacht, gefühlt und getan habe, war ein Schritt auf dieser Reise. Dank der Liebe zum Schreiben konnte sich mein ganzes Leben Stück für Stück als klares Sinnbild zusammensetzen. Und ich sehe nun jeden Menschen, jedes Tier, jede Pflanze und jeden Gegenstand – einfach alles in meiner Erfahrungswelt – als eine Tür.

Und ich bin die Klinke. So wie Du eine bist!

Wenn wir lernen, durch alle Formen, durch jeden Schein und jede Illusion hindurchzusehen, erkennen wir uns in jedem Aspekt des Lebens. Dann begreifen wir auch, dass wir selbst schon immer die Aufgabe waren. Und mit Aufgabe meine ich nicht nur das, was wir zu tun haben, um ganz zu werden, sondern die Aufgabe dessen, was uns daran hindert. Und solange noch irgendjemand in unserer Erfahrungswelt leidet, sei es das vergessene Kind, der geächtete Liebhaber oder ein eingesperrtes Tier, haben wir unseren Job nicht getan.

Von Osten gen Westen über die große Mauer ging ich einst mit meiner Mutter und musste an diesem Ort hier landen, arbeiten und streiten, um das Haus meiner inneren Wahrheit zu erkennen. Vergessen stand es bis heute in einem kleinen Thüringer Dorf und wartete nur darauf: geliebt, gesehen und bewohnt zu werden! Und zu diesem Zweck habe ich es mir mit allen Ecken und Kanten unbewusst noch einmal erschaffen.

Im Erdgeschoss befand sich ein kleines Lebensmittelgeschäft, wo Menschen mit Brot, Milch und Eiern versorgt wurden. Andere wiederum kamen einfach nur, um von aktuellen Ereignissen zu berichten oder ein Bier zu trinken.

Aber vor allem war es das Zuhause meines Urgroßvaters, der gefälschte Essensmarken an Bedürftige verteilt hatte und dafür ins Gefängnis ging. Jenes Gefängnis, in dem ein Teil von mir noch vor wenigen Tagen saß und ich deshalb nicht sehen konnte, dass alles, was ich je erreichen wollte, längst da war.

Dieses Buch hat mich freigeschaltet – in meiner ganz persönlichen, individuellen und kollektiven Frequenz. So habe ich mich als kleiner Samen mit Inhalt durchgekämpft, gezweifelt, geschimpft, gekauert, geweint, gehasst und gelitten, um jetzt auf einen neuen Tag zu blicken.

Doch nun geht es nicht mehr um Worte, sondern um die gefühlte Erkenntnis, wer und was ich wirklich bin. Und ich bin alles – ein kleines Mädchen und ein kleiner Junge, eine Frau und ein Mann, eine Tochter und ein Sohn, eine Mutter und ein Vater, eine Familie, ein Kollektiv und vor allem eine Seele, die gen Himmel schaut und weiß, da gibt es noch mehr.

Wenn wir erkennen, wie wichtig es für unser aller Befreiung ist, sich der inneren Weisheit zu öffnen, bemerken wir auch, dass wir vor einer neuen Betrachtungsweise des Lebens keine Angst haben müssen. Denn sobald wir in Liebe auf unsere Schatten schauen und für möglich halten, dass wir nicht nur ein begrenzter Körper, sondern hochschwingende geistige Wesen sind, verlieren sie ihre Macht.

Ja, viele Menschen sterben noch an Krankheit und anderen Leiden, für die wir viele Namen erfunden haben, doch der Ursprung aller Qual ist Angst. Angst davor, zu springen – in einen Raum mit unendlichen Möglichkeiten – und dabei womöglich den Verstand zu verlieren.

Und genau darin liegt der Sinn dieser Zeilen. Sie sprengen falsche Selbstbilder und die starre Identifikation mit Wissen und Titeln, die wir zu einer Geschichte über unser Ich zusammengeschustert haben.

Doch wir stehen jetzt an der Schwelle. Und die Schwelle heißt, die Illusion der Trennung zwischen Dir und mir – und der Welt da draußen – zu erkennen. Aber was geschieht, wenn wir uns als Eins erfahren?

Genau, die Angst ist plötzlich verschwunden und wir schauen nicht länger hilflos in den Himmel und rufen »Bitte, bitte, hilf und gib mir!«, sondern wir erkennen uns als Bewusstsein, das sich in seinem wahren Ursprung erfahren will.

Unser Ursprung ist unser Ziel. Und es erfährt sich selbst immer wieder durch die Anhebung unseres schöpferischen Potenzials, das von Generation zu Generation durch jede Zelle unseres Seins wirkt.

Vielleicht stammen wir sogar ab von jenen Göttern, die einst vom Himmel stiegen? Und jeder Einzelne von uns ist göttlich. Aber ganz gleich was ich … Du … oder wir auch immer glauben, eines ist gewiss:

Dort, wo wir meinen zu enden, beginnt immer ein neues Leben!

Was macht es mit Dir?

Dieses Buch ruht nun seit ein paar Stunden im virtuellen Raum meines Laptops und ich spüre, wie es weiter mit mir kommuniziert. Es fällt schwer, die aufgewirbelten Gefühle zu beschreiben, doch sagen wir es so: Was die hier formulierten Worte wirklich ausmacht, ist die Frequenz, in der sie geschrieben wurden und auf die ich mich eingelassen habe – nicht ahnend, dass in meinem Leben kein Stein auf dem anderen bleibt.

Aber ich habe verstanden, dass die einzig wahre Kraft der Veränderung immer eine Frage ist, und wenn wir den Mut aufbringen, sie einfach offenstehen zu lassen, entfaltet sich die Antwort immer zu unserem Besten.

Liebe Leserin, lieber Leser,
ich habe niedergeschrieben, was sich durch mich ausdrücken wollte und werfe dieses Buch jetzt wie einen Ball ins Feld!
Neugierig und aufgeregt hoffe ich zu erfahren, was es mit Dir und Deinen Schöpfungen macht.
Schreibe mir! Ich freue mich auf Deine Geschichte und all jene, die nun gelebt und auf meiner Internetseite www.rockteschel.com gelesen werden wollen! Denn sie sind die Zeugen der höheren Frequenz und bestätigen, was wir in Wahrheit sind …

Neue Erfahrungswelten!

PEGGY ROCKTESCHEL
Autorin, psychologische & spirituelle Beratung

Du bist der Filmemacher …
und siehst nur, was Du im Geiste bist!

ISBN: 978-3-9820145-0-0
3. Auflage Februar 2020
PR-Verlag
Sprache: Deutsch
Hardcover, Format: 15,5 x 21,5
183 Seiten
Preis: 19,90 EUR

Geist erschafft Materie! Alles, was Du denkst, fühlst, sagst und tust, hat eine Wirkung. So erfährst Du erfreulich schöne Dinge, machst aber auch äußerst schmerzhafte Erfahrungen – sowohl physisch als auch seelisch. Nichts geschieht rein zufällig!

Die Umstände, in denen Du lebst; Menschen, denen Du begegnest; oder Unfälle und Krankheiten, die einen Wandel fordern, spiegeln Deinen Zustand. Und beim bewussten Hinschauen erkennst Du die Wahrheit. Nicht Deine oder die Meine, sondern EINE, die uns alle verbindet.

Dieses Buch stellt Deine Welt auf den Kopf, und wenn Du es zulässt, wirst Du verrückt! Doch nicht im Sinne von krank, sondern vom Leid in die Freude, vom Mangel in die Fülle und von der Angst in die Liebe. Aber vor allem erkennst Du Dich als Macher eines Films.

PEGGY ROCKTESCHEL
Autorin, individuelle PR und Beratung

Ein Herzvoll Geld
ISBN-13: 978-3-96008-292-7
1. Auflage 2016
Engelsdorfer Verlag
Sprache: Deutsch
Taschenbuch, Format: 18×11
115 Seiten
Preis: 9,20 EUR

Was ist daran so schlimm, GELD einfach nur zu lieben? Belastet von einem unsichtbaren Fluch scheint es sich nur dort niederzulassen, wo schon genügend davon vorhanden ist … und denen, die es dringend brauchen, bleibt es verwehrt. Leben heißt BEWUSST-SEIN. Und erst wenn wir uns selbst als WERT-VOLL erkennen, kann sich Mangel in Fülle verwandeln. Das Spiel des Geldes muss wieder BESEELT werden, denn es funktioniert heute mehr denn je – nur nach anderen GESETZEN!

Auch als E-Book erhältlich.

PEGGY ROCKTESCHEL
Autorin, individuelle PR und Beratung

Der fröhliche Tod
... unerhört seeleneins!
ISBN-13: 978-3-96008-084-8
1. Auflage 2016
Engelsdorfer Verlag
Sprache: Deutsch
Taschenbuch, Format: 18×11
115 Seiten
Preis: 9,30 EURO

Der TOD – zu finden in den vielen Lebewohls während unseres Daseins. Es sind Abschiede von VOR-LIEBEN, insbesondere den Bildern, die wir von uns selbst haben. Und manchmal glauben wir, an ihnen zu zerbrechen. Doch das tun wir nicht – NICHT WIRKLICH! Sterben ist Teil unseres Lebens. Und das Leben ist perfekt. Es speist sich aus sich selbst heraus und wir sind nur BE-WUSSTSEINSREISENDE auf dem Weg zur nächsthöheren Stufe.

Auch als E-Book erhältlich.

PEGGY ROCKTESCHEL
Autorin, individuelle PR und Beratung

Meine Mutter in mir.
Versöhnung mit dem Schatten!
ISBN-13: 978-3-95744-944-3
1. Auflage 2015
Engelsdorfer Verlag
Sprache: Deutsch
Taschenbuch, Format: 18x11
103 Seiten
Preis: 8,80 EUR

Jeder hat sie – eine MUTTER. Und wir wurden dazu erzogen, sie zu lieben, zu ehren und zu respektieren. Schließlich hat sie uns das Leben geschenkt. Aber was ist mit den anderen Gefühlen? Die, über die man lieber nicht redet, weil es ja so viel aufwühlt. Ich stelle mich meiner Mutter, weil ich sonst nicht weiterkomme mit mir und meinen Beziehungen. Meine Mutter ist mein Schatten, bis ich sie erkenne. Nicht da draußen oder auf irgendeinem Foto..., sondern in mir.

Auch als E-Book erhältlich.

PEGGY ROCKTESCHEL
Autorin, individuelle PR und Beratung

…von erfolgreich loslassen
ISBN 978-3-95744-905-4
1. Auflage 2015
Engelsdorfer Verlag
Sprache: Deutsch
109 Seiten, Taschenbuch
Preis: 8,90 EUR

Matrixsprünge, sexy Trommelfell, Mischgefühle, Wischmop und Eimer, Lotto, Löwenkopfhase, grüne Autos, tausend Euro, Open Air Büro, Einhörnchen, Bestseller, Kinderherzen, Pegasus, Dosenfutter, Inter-nett, Sternzeichen, Ahnenkraft, Gasrechnung, Maulkorbpflicht…

Das TOR zwischen den WELTEN kann so vieles sein.
Eins ist AMY … Die Kunst ist nur, es zu erkennen!

Auch als E-Book erhältlich.

Notizen

Notizen

Notizen